그대 진실로 행복을 바란다면,
소중한 것부터 하세요

그대 진실로 행복을 바란다면,
소중한 것부터 하세요

초판 1쇄 발행 2013년 10월 31일
초판 2쇄 발행 2013년 11월 30일

지은이 원경
그림 김영세
사진 전제우

펴낸이 박세현
펴낸곳 팬덤북스

기획위원 김정대·김종선·김옥림
영업 전창열
편집 김종훈·임소연
디자인 강진영

주소 (우)121-250 서울시 마포구 성산동 275-60번지 교홍빌딩 305호
전화 070-8821-4312 | **팩스** 02-6008-4318
이메일 fandombooks@naver.com
블로그 http://blog.naver.com/fandombooks

등록번호 제25100-2010-154호

ISBN 978-89-94792-72-9 13810

그대 진실로 행복을 바란다면,
소중한 것부터 하세요

삶에서 죽음까지 모두 행복해지는 45가지 공부

원경 스님

팬덤북스

차례

머리말 춘화추월을 마음에 새기며 … 7

첫 번째 이야기 — 인생 공부

왜 태어났나요? … 13 | 업 따라 살지요 … 18 | 대아의 생명관을 심으세요 … 24
해가 뜨면 어김없이 집니다 … 29 | 인연 따라, 바람 따라 … 33
그대, 진실로 행복을 바라는가 … 38 | 삶은 방편일 뿐이지요 … 44
여기, 이 자리가 도량이니라 … 48 | 두터운 습을 넘어 자유로 … 53

두 번째 이야기 — 세상 공부

화롯불에 눈꽃 지다 … 59 | 복을 지어야 복을 받지 … 64 | 복 짓는 사람, 복 까먹는 사람 … 68
가장 아름다운 도반, 부부 … 72 | 마음의 출가를 떠나 보지 않으시겠습니까? … 79
끝이 없는 부모님 은혜 … 83 | 파랑새가 어디 있나요 … 91
부드러운 말에는 향이 있습니다 … 95 | 초연하게, 온화하게 … 101 | 수행은 팔자를 바꿉니다 … 108
병의 원인은 나 자신에게 있습니다 … 111 | 현생에서 행복하게 사는 법 … 115
집은 작은 우주입니다 1 … 122 | 집은 작은 우주입니다 2 … 129

세 번째 이야기 — 마음 공부

순간의 화는 오랜 공덕을 무너뜨립니다 … 137 | 가피는 공덕 따라 옵니다 … 142

화두를 붙잡고 부처님 나라로 … 147 | 신발을 머리에 이다 … 151 | 고통이 부처를 만든다 … 157

마음 거울에 때가 끼지 않았나요? … 163 | 마음이 흔들리는 것이니라 … 168

마음 때문에 병이 든다 1 … 175 | 마음 때문에 병이 든다 2 … 179

마음 때문에 병이 든다 3 … 184 | 당장 분별심을 멈추세요 … 189

자식에게 마음 공부를 시키세요 … 194 | 마음을 닦는 생활 수련법 … 199

네 번째 이야기 — 죽음 공부

죽는 공부를 죽도록 하라 … 205 | 죽음은 삶이지요 … 210 | 집착은 삶의 감옥 … 215

피곤한 나그네, 돌아가 쉬도다 … 220 | 부처님의 마지막 모습처럼 … 225

본디 내 것은 하나도 없어라 … 229 | 아상도, 법상도 떨치고 … 234

나무 위에서 물고기를 찾지 말라 … 240 | 영원히 죽지 않고 사는 법 … 246

머리말

춘화추월을
마음에 새기며

 세월이 이리도 빠른가 사색하게 하는 가을의 길목입니다.

한 계절이 그리 빠르게 달려가듯, 우리 인생도 누가 잡으러 올까 줄행랑치듯 부리나케 달려갑니다.

젊은 날은 온 데 간 데 흔적도 없이 사라지고 황혼이 바짝 오겠지요.

인생의 마지막 날이 그리 멀지 않은 때도 분명 찾아올 것입니다.

바로 얼마 전까지 바위라도 녹일 듯 뜨거운 햇빛이 기승을 부리더니,

싸늘한 가을바람이 불어와 옷깃을 여미게 하지 않습니까?

삶은 '살음'의 줄임말이라지요.
우리는 하루하루를 '살음' 합니다.
그 하루는 하찮은 시간이 아닙니다.
깨달음을 얻을 수도 있는 어마어마한 시간입니다.
하루는 한 계절이 축약된 시간이기 때문입니다.
아침은 봄이요, 점심은 여름이며,
저녁은 가을이고, 한밤중은 겨울이지요.
또 한 계절은 우리 인생이 축약된 시간입니다.
반복되는 계절은 우리의 업이 반복되는 윤회와 같은 꼴이지요.
하루를, 한 계절을 '살음' 하듯 살아야 합니다.
한 계절을, 전 인생을 '살음' 하듯 살아야 합니다.
순간의 '살음'이 우리의 삶을 결정하니,
하루를 그냥저냥 허투루 살아갈 일이 절대 아닙니다.

춘화추월春花秋月.

'봄날에 꽃, 가을에 달빛'이란 뜻입니다.

우리 인생의 젊은 날에는 꽃이 있고,

늦은 날에는 달빛이 있습니다.

꽃은 한낮에 향기와 빛깔을 품으며 자신의 존재를 뽐냅니다.

달빛은 어두운 밤에 빛의 신비로움을 토해 냅니다.

꽃과 달을 보면서 저마다 현존하는 시간과 공간 속에서

제 빛깔을 잃지 않음을 깨닫게 됩니다.

도통 사람이 살 수 없을 무법천지 같은 세상을 보며

춘화추월의 무정설법無情說法을 들을 줄 아는 귀가 마냥 그리워집니다.

                                                         심곡암에서 원경 합장.

첫 번째 이야기

인생 공부

왜
태어났나요?

 사람들은 아주 힘든 일을 겪고 나면 깊은 한숨과 함께 이런 질문을 합니다.

"도대체 나는 왜 태어났는가?"

이토록 힘든 세상살이라면 차라리 태어나지 않았으면 얼마나 좋았을까 하며 부모님을 원망하거나 울부짖음을 토해 내기도 하지요.

옛말에 '기한飢寒에 발도심發道心'이라고 했습니다. 춥고 배고파야 도 닦는 마음이 생긴다는 뜻이지요. 그나마 힘든 일이라도 만나 '왜'

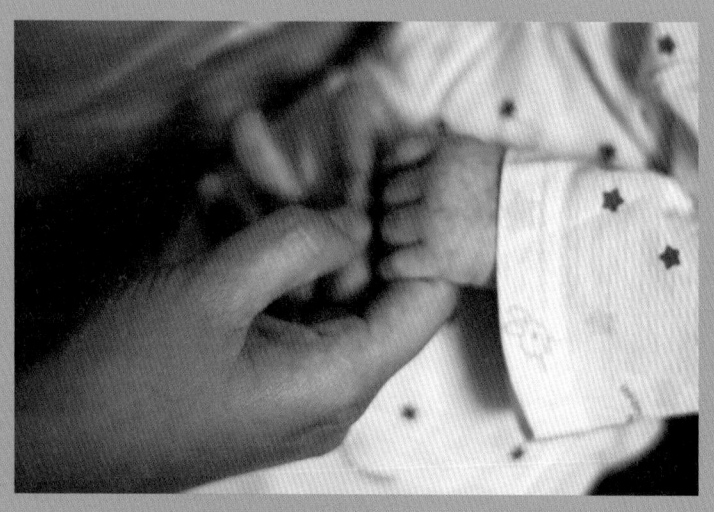

라는 질문을 마음에 품게 되었으니 얼마나 다행스러운가요? 힘든 일이 없다면 자신의 인생살이를 곰곰이 살펴보는 속 깊은 질문을 평생을 살면서 언제 한번 해보겠습니까? 인간은 자신을 성찰할 줄 아는 존재여서 좋은 것입니다.

고대 그리스 신화 중에는 아주 재미있는 이야기가 하나 있습니다. 그리스 테베라는 지역에 스핑크스라는 괴물이 나타나서 지나가는 사람에게 이상한 질문을 했다고 합니다. 질문에 답을 하지 못하는 사람은 가차 없이 잡아먹었다지요. 질문은 이렇습니다.

"아침에는 발이 네 개, 점심에는 발이 두 개, 저녁에는 발이 세 개가 되는 것은 무엇인가? 이것은 자신이 세상의 주인이라며 아는 척을 해도 실은 아무것도 모르고 있다."

많은 사람들이 질문을 받았시반 답하는 이가 없어 모두 죽음을 면치 못했습니다. 그러다 오이디푸스라는 현인이 나타나 답을 말했습니다.

"사람이라는 동물은 어려서는 두 손과 두 무릎으로 기어 다니고, 성장하여서는 두 발로 걸으며, 늙어서는 지팡이를 짚으니 세 발이다."

그렇습니다. 정답은 '인간'이었습니다. 만물의 영장인 줄 알고 세상을 살아가지만, 시간의 법칙과 자연의 이치를 거스를 수 없어 결국 세 발 노인이 되는 존재, 인간이지요. 오이디푸스가 '인간'이라는 정답을 내자 스핑크스는 바닷속으로 뛰어들어 죽었다고 합니다.

철학자 파스칼은 '모든 존재는 자기 자신을 모르고 산다'는 말을 했습니다. 인간은 자신이 누구인지 모르고 산다는 뜻입니다. 우리 인간은 자신이 어떤 존재인지 밝히기 위해 오랫동안 사색을 멈추지 않았습니다. 그럼에도 '왜'라는 의미를 밝히지는 못했습니다. 인간이 자기 존재에 대해 아무리 사색한들 과연 답을 찾을 수 있을까요?

누가 '왜 삽니까?' 하고 묻는다면 저는 '살아 있으니까……'라고 답할 생각입니다. 태어난 업으로 사는 것입니다. 살아야 되는 업이므로 사는 것입니다. '어떻게 살 것인가?'가 문제이지, '왜 사는가?'는 문제될 게 하나도 없습니다. 이제부터 우리의 질문은 '왜'가 아니라 '어떻게'로 바꾸어야 합니다.

'왜 태어났나?'라는 의문은 자신을 우주의 중심에 두기 때문에 생깁니다. 자신에 대한 집착이 너무 강해서 일어난 의문입니다. 모든 집착을 버리면 의문이 일어나지 않습니다. '업이라는 인연 따라 태어나, 인연 따라 살다, 인연 따라 가는구나'라고 생각하면 홀가분해집니다.

저 혼의 크기만큼 피어서

그 빛깔과 향기는

땅이 되고 하늘이 되나니.

나도 저처럼

내 혼만큼만 피어나서

땅이 되고 하늘이 되리.

피어나는 때를 아는 꽃처럼

지는 때를 아는 꽃처럼

이르지도

늦지도 않은 채

영겁을 노래하는 꽃처럼 살으리.

나도 저처럼

내 혼만큼만 피어나서

땅이 되고 하늘이 되리.

〈그대, 꽃처럼 - 원경〉

업 따라
살지요

불교를 잘 모르는 분들이라면 업業이라는 단어가 생소할 것입니다. 업을 가장 쉽게 설명할 길이 없을까 고민하다 문득 떠오른 생각이 있습니다. 어쩌면 '업은 유전자와 같은 맥락이 아닐까?'라고요.

고유한 에너지의 힘인 업은 하루 이틀에 이루어지지 않습니다. 마찬가지로 모든 생명체의 유전자 또한 무구한 역사 속에서 제각각 진화하고 고유한 성품을 갖게 되지요. 산삼과 인삼은 같은 조상에서 나왔지만, 유전적으로 다른 고유함을 가지고 있습니다. 산삼은 수백 년을 살아도 인삼은 6년 넘게 살기가 힘들지요. 역사 속에서 서로 다른 관성이 붙은 것입니다. 그것이 바로 유전자, 즉 업입니다. 자기도 모르게 반복을 통해서 습관이 된 것들이지요.

농사를 지을 때 밭에 좋은 종자를 심으려는 이유도 반복된 관성이 어디에서 왔는가를 보기 때문입니다. 인간도 다를 게 없습니다. 어디 종자냐, 이 세상에 오기 전에 어떤 업을 쌓아 왔느냐를 물을 수 있습니다. 좋은 종자가 탄탄하듯 좋은 업을 쌓은 사람은 잘 살아가기 마련입니다.

알지도 못하는 전생 때문에 현생에서 고통을 당하는 것이 억울하다고 하소연하는 분이 있습니다. 전생을 책임지지 않으려는 마음은 미혹함에서 옵니다. 수행을 하여 마음이 열리면 업을 받아들이게 됩니다. 이런 관점에서 인생 공부를 하는 사람이라면 달마 대사의 '이입사행론二入四行論'은 반드시 숙지해야 할 가르침입니다. 깊이 살펴보는 것이 좋겠습니다.

달마 대사는 수행의 핵심을 두 가지로 말씀하셨습니다. 첫째는 '이理'로 들어가는 것이요, 둘째는 '행行'으로 나서는 것입니다. '이'로 들어감이란 부처님의 가르침을 이치로써 공감하고 깨닫는 것입

니다. 허망한 것을 버리고 부처님 가르침을 깊이 받아들이는 것이지요. '행'으로 나섬이란 이치로써 깨달았으면 실천을 다함으로써 진리를 실현하는 것입니다. 달마 대사는 사행론四行論, 즉 네 가지 실천을 강조하셨습니다.

첫째는 '보원행報怨行'입니다. 보원행이란 지나간 원한을 갚아 낸다는 뜻으로, 괴로움을 당해도 원망하지 않는 것입니다. 힘든 일이 닥쳐도 도를 수행하는 사람이라면 수없는 겁해劫海 중에 근본을 잃고 미혹의 경계를 유랑하면서 무수한 원한과 증오를 일으킨 적이 많아서 그렇다고 생각해야 합니다. 비록 지금은 잘못을 저지르지 않았다 해도 과거에 지은 악한 행동의 열매가 익은 결과입니다. 하늘이나 다른 사람이 준 벌이 아닙니다. 고통을 받아들이고 원망하지 않아야 업이 소멸합니다. 이것이 전생의 업을 스스로 갚아 가는 삶이지요.

둘째는 '수연행隨緣行'입니다. 인연 따라 나온 인생이니, 인연 따라 순응하여 살아가는 것입니다. 집착 없이, 무리 없이, 순간순간 성실하게 살아가는 것이지요. 매 순간 인생의 주인공으로 살아가는 것이기도 합니다.

셋째는 '무소구행無所求行'입니다. 과분한 탐욕을 부리지 않고 자신의 분에 맞는 천연한 삶을 사는 것입니다. 자신의 분수를 넘는 무언가를 구하지 않는 마음이지요.

넷째는 '칭법행稱法行'입니다. 늘 부처님의 가르침을 마음에 새기며 사는 것입니다. 일상 속에서 마음 공부가 한결같이 이루어져야 한다는 뜻이지요.

수행에는 이판사판이 따로 없습니다. 하루하루 정진하여 좋은 업을 쌓으시길 발원합니다.

흐르다가 감돌고

감돌다가 흐르는 바람처럼

일상이 그렇게 흘러갑니다.

〈바람의 흔적처럼 삶이 흐르고 - 원경〉

대아의 생명관을 심으세요

우리들은 자신의 존재에 너무나 과중한 의미 부여를 하고 있습니다. 사람도 자연의 한 존재일 뿐입니다. 자연의 일부로서 자연 현상에 따라 시시각각 변화를 겪다가 죽음을 맞이하지요. 아침에 피었다 저녁에 지는 저 꽃을 보십시오. 그들은 '왜 태어났는가?'라고 묻지 않습니다. 봄에 돋았다 가을에 지는 저 낙엽을 보십시오. 그들은 '왜 태어났는가?'라고 묻지 않습니다.

우리에게 고통만 안겨 주는 '왜 태어났는가?' 질문은 어디에서 나

왔을까요? 인간이 스스로를 자연의 이탈자로 설정한 것이 문제의 시작입니다. 우리의 역사가 말해 주고 있지 않습니까? 유사 이래 수많은 사람이 왔다 갔습니다. 자연의 이치에서 한 치의 어긋남 없이 자연으로 돌아갔지요. 더 이상 무엇을 더 보여 주어야 할까요?

자연의 이치를 인정한다고 해서 인간이나 짐승이나 똑같이 하찮은 존재라고 말하는 것은 아닙니다. 그것은 대아大我적인 생명관으로 인식이 확장되어야 한다는 것입니다. 소아小我는 자기 자신만을 봅니다. 대아는 자연 전체의 생명을 봅니다. 대아의 인식을 갖게 될 때 삶의 지혜도 스스로 체득합니다. 비로소 아주 큰 사람으로 다시 태어나는 절절한 순간이지요. 자연에서 태어나 자연의 한 부분으로 자신의 역할을 다하고 다시 자연으로 환원되는 진실을 똑바로 대하는 것입니다.

이처럼 의식이 확장되면 생명관이 바뀝니다. 생명을 이 세상에서 끝나는 것으로 생각하지 않고, 한 생애에 집착하지 않으며, 나에게 얽매이지 않습니다. 생명을 시간적, 공간적으로 어느 한곳에 제한하지도 않습니다.

물론 '왜 태어났지?' 하고 의문을 던지는 것은 깨달음의 세계로 발을 들여놓는 첫걸음이기도 합니다. 술에 취해 길거리 아무 데나

쓰러져 자다 불현듯 깨어나 '왜 내가 여기 있지?'라고 의문을 갖는 것과 같지요.

우리는 미혹한 업력의 파도에 휩쓸려 여기까지 왔습니다. 전생의 업에 의해 왔으니 좋은 대로 나쁜 대로 받아들일 수밖에 없습니다. 다만 지금 순간 스스로 알아차리는 자각이 필요하지요. 자각하는 마음이 열리면 대자유인이 될 수 있습니다. 자유인이 자연인입니다.

이제 인간이 만물의 영장이라는 인식을 버리세요. 대아의 인식을 심으세요. 바로 지금이어야 합니다.

나의 그리움의 자락은
어디서 오는 빛깔일까요?
천지 사방 바람의 흔적들이
곱게 얼룩진 자연 바람입니다.

나는 나이기 이전에
자연의 존재인 까닭에
나도 모르는 그리움은
어쩔 수 없습니다.

나도 모르는 이 그리움을
그대는 장터에 나온 고운 물건
품 보듯이 바라보소서.

나는 멀거니
나는 나대로 이대로일 뿐이기에
이 빛을 그대로
마주한 채 바라보겠습니다.

나의 그리움이
작든 크든 간에
나는 이대로 나일 뿐인 것입니다.

나의 그리움은!

〈그리움을 너에게 - 원경〉

해가 뜨면
어김없이 집니다

인간은 수 세기 동안 지식의 세계를 넓히고 풍요로운 문화를 이루었다고 자만에 빠져 있습니다. 하지만 인간의 지식과 문화는 본질적으로 진리를 보는 눈을 막아 버렸습니다. 자기 존재에 대한 집착을 너무 키운 나머지 천연한 생명관과 격리되는 의식을 갖게 됐지요. 인간 스스로 자신의 발등을 찍은 것입니다. 자가당착自家撞着에 빠진 인간을 어떻게 하면 좋을까요?

미망을 깨우치는 것이 수행입니다. 모든 집착으로부터 초월하기

위해 우리는 정진합니다. 집착을 놓으면 소아에서 대아로, 순간에서 영원으로, 제한된 시공간에서 무한한 세계로 해방됩니다. 그것이 해탈이고 열반이지요. 우리를 이 생에 가두어 놓는다면 우리는 영원히 진리를 보지 못합니다.

하늘과 땅의 기운이 우리의 육신을 이루어 내었습니다. 우리 의식이 만든 것이 절대 아닙니다. 자연에서 온 것입니다. 잠시 빌려 쓰고 시간이 되면 당연히 돌려줘야 합니다. 그것을 당연하다고 받아들이지 못해서 고통스러워합니다.

인간만이 아니라 물질세계의 모든 것은 자연 속에 흩어져 있다 인연 따라 잠시 모였을 뿐입니다. 이렇게 모였다가 흩어지는 것이 이 생에서의 소멸이고 죽음이지요. 그러다 다시 인연이 모여 물질과 생명을 이루고 또 다른 삶을 살게 됩니다. 바로 '윤회'입니다. 윤회에 눈을 뜨면 집착에서 벗어날 수 있습니다.

세상에 반복되지 않는 것을 본 적이 있나요? 해가 뜨면 어김없이 지고, 달이 뜨면 어김없이 지고, 꽃이 피면 어김없이 집니다. 다시 해가 어김없이 뜨고, 달이 어김없이 뜨고, 꽃이 어김없이 피어나지요. 모든 것은 반복됩니다. 태양계의 모든 행성도 태양을 중심으로 계속 돌고 있지 않나요? 지구뿐 아니라 우주 전체가 윤회를 하지요.

인간 또한 잠시도 멈춰 있지 않습니다. 어머니 배 속에서 생명을 얻는 동시에 나날이 죽음을 향해 가고 있습니다. 나는 나이면서 동시에 내가 아닙니다. '무아無我'입니다. 아직도 내가 보이십니까?

인연 따라,
바람 따라

　　　　부처님께서는 연기緣起를 알고 깨달음을 얻었다고 말씀하셨습니다. 세상에 인연결과因緣結果가 아닌 것이 어디 있나요? 이것이 있으므로 저것이 있고, 이것이 생기므로 저것이 생깁니다. 모든 것을 깨우치는 부처님 법의 핵심이지요.

　　열매의 인因은 무엇일까요? 씨앗입니다. 그렇다고 씨앗만으로 열매가 열리지는 않습니다. 흙과 햇볕이 모여야 열매가 맺힙니다. 인 역시 잠시 인연 따라 이루어졌을 뿐, 고정불변하지는 않다는 말입

니다. 인은 공空합니다.

연緣도 마찬가지입니다. 과果도 마찬가지입니다. 인과 연, 과가 모두 공하기 짝이 없습니다. 인연결과는 흐름만 있을 뿐입니다. 흐름은 무상無常입니다. 고정된 것은 없습니다.

공은 아주 심오한 의미를 품고 있습니다. 단순히 아무것도 없다는 뜻이 아닙니다. 다르면서 하나이고 하나이면서 다르니, 하나라고 딱 잡아 말하진 못하지만 그렇다고 둘이라고 할 수도 없습니다. 그것이 '공'입니다. 고유하게 정해진 것이 없습니다. 하나는 우주 전체이기 때문에 공입니다. 우주 전체는 흐름 속에서 존재하기 때문에 하나이면서 공인 것입니다.

본인의 존재 원인은 본인의 업에 의하여 이룩됩니다. 업은 관성이라고 했습니다. 관성에는 고유한 힘이 있지요. 힘이 이루어지려면 업에 상응하는 인연이 오고 가야만 합니다. 이렇게 업력과 인연에 의해 내가 있습니다. 그러므로 여기 있는 나는 있는 것이 아닙니다. 인연의 모임이 잠시 이루어졌을 뿐, 인연이 끝나면 흩어지고 없어지지요. 있는 것 같이 보이는 '가유假有'입니다.

중생의 의지는 부단히 살고자 하지만, 중생의 뜻과 같지 않게 삶은 부단히 소멸하는 모순을 안고 있습니다. 삶이 곧 죽음이라는 '생사불이生死不二' 일체관을 깨닫지 못하면 언제나 공포와 두려움에 사로잡히게 됩니다. 모든 집착을 버리고, 삶도 죽음도 인연 따라 오가는 우리네 삶이라는 자각을 이루어 자유로운 삶을 사시기 바랍니다.

도道란 무엇입니까?
어느 노스님께 물었다.

내가 다소 불편하고
다른 사람을 편하게 해주는 것이
도道일세!

찬 자리에 앉아서도
다순 자리에 앉히우시고
차운 자리 잡지도 않은 듯
다행스러워하시니.

행복지도幸福之道!

〈행복지도幸福之道 - 원경〉

그대,
진실로 행복을 바라는가

사람들은 내가 없으면 세상도 없는 것이 아니냐고 말합니다. 설령 있다 해도 내가 없는 세상이 무슨 의미가 있냐고 묻지요. 마음을 비우지 못해서 생기는 생각입니다. 마음을 비우지 못하고 삶을 이어 가면 인생은 고통의 연속이 되고 맙니다. 아니, 나날이 고통만 심화되지요. 종교에 귀의한다 해도 집착으로 만들어진 종교는 고통만 안겨 줍니다. 구원이라는 열망이 오히려 고통의 크기만 부풀려 놓기 마련입니다.

부처님의 말씀을 들어 볼까요? 부처님께서는 사성제四聖諦, 즉 고집멸도苦集滅道를 가르치셨습니다. 인생은 괴로움의 연속입니다. 이것이 '고제苦諦'입니다. 그 괴로움의 원인은 집착입니다. 이것이 '집제集諦'입니다. 집착을 없애면 괴로움은 소멸합니다. 이것이 '멸제滅諦'입니다. 괴로움을 소멸시키는 길은 깨달음입니다. 이것이 '도제道諦'입니다. 부처님께서는 사성제를 통해 미망으로부터 깨쳐 나오는 법을 보여 주셨습니다.

여러분이 부지런히 수련에 정진하여 부처님 말씀을 깨닫게 된다면 가슴에 밀려오는 감동으로 눈물을 흘리게 될 것입니다. 그제야 미망 속에서 산다는 것이 얼마나 답답한 짓인지 알게 되고요. 부처님께서는 우리에게 이 가르침을 주려고 세상에 나투셨습니다. 세세생생 이유도 모른 채 고통받으며 살아가는 중생들을 구제하고자 하셨지요. 여러분이 배운 세상 지식에 부처님의 지혜까지 겸비한다면 얼마나 행복한 삶이 될까요?

물론 인간으로 태어나 불교의 가르침을 만나기는 무척 어려운 일이라고 했습니다. '맹구우목盲龜遇木'이라고 하지요. 눈먼 거북이가 백 년에 한 번 숨을 쉬기 위해 어두운 바닷속에서 수면으로 올라옵니다. 그때 바다를 떠다니던 구멍 뚫린 나무판자를 만나면 잠시 구멍에 목을 넣고 쉬었다 갑니다. 거북이 목에 딱 맞는 나무판자여야 겠지요. 판자를 만나지 못하면 그냥 바닷속으로 들어가야 합니다. 백 년에 한 번 바닷속에서 올라오는 눈먼 거북이가 자신의 목에 꼭 맞는 구멍 뚫린 나무판자를 만날 인연이어야 비로소 인간으로 태어나 불법을 만날 수 있다고 합니다. 부처님 말씀을 만나는 일이 얼마나 희유한 인연인지 짐작되십니까?

맹구우목은 불법의 이치를 깨치기가 그만큼 어렵다는 의미도 포함하고 있습니다. 공덕이 무량해야 가능하고, 의식이 깨어 있어야 이루어질 일이지요. 파도가 사방에서 치는 바다 한가운데에서 나무판자를 만나듯이 무한한 우주 공간에서 불법을 만난 것은 아주 아찔한 순간입니다.

'십겁十劫'이 걸린다는 표현이 있습니다. 일겁이라는 시간은 사방 40리가 되는 큰 바위를 선녀가 백 년에 한 번씩 옷자락을 스쳐서 모두 닳게 하는 시간입니다. 그러니 십겁이라면 정말 까마득한 시간이지요. 불교를 만나 깨달음을 얻기가 그만큼 어렵습니다.

여러분은 무량한 공덕으로 불법을 만났습니다. 눈먼 거북이가 망망대해에서 자신의 목에 꼭 맞는 구멍 뚫린 나무판자를 만난 것입니다. 이런 인연을 쉽게 버리시겠습니까? 마음을 다해 수련에 정진하시기 바랍니다. 모든 것을 내려놓고 부처님께 귀의하시기 바랍니다.

큰 고통은 큰 집착에서 나오고, 작은 고통은 작은 집착에서 나옵니다. 이제부터 부처님 지혜로 사십시오. 우리의 어둡고 정신없이 얽혀 있는 의식은 모두 버려도 좋습니다. 집착을 버려야 지혜가 빛납니다.

그대여!

꽃을 드리듯 하고

차를 올리듯 하고

향으로 맞이하듯 하고

부처님께 공양 올리듯 하십시오.

향기가 넘쳐 와도

바짝 다가가지 않는 그림 감상처럼

그저 존중한 마음으로 바라보십시오.

세상의 소리와 빛깔을 바라본다는

관세음觀世音보살님처럼

그저 집착 없는 사랑으로 바라보십시오.

그리하면 좋을 일입니다.

그대의 그리움은

〈집착 없는 사랑으로 - 원경〉

삶은
방편일 뿐이지요

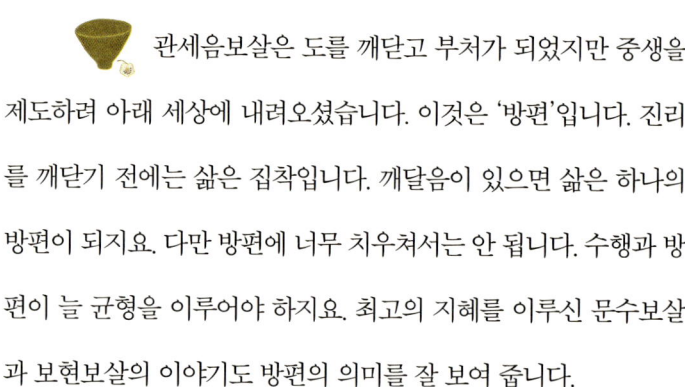

　관세음보살은 도를 깨닫고 부처가 되었지만 중생을 제도하려 아래 세상에 내려오셨습니다. 이것은 '방편'입니다. 진리를 깨닫기 전에는 삶은 집착입니다. 깨달음이 있으면 삶은 하나의 방편이 되지요. 다만 방편에 너무 치우쳐서는 안 됩니다. 수행과 방편이 늘 균형을 이루어야 하지요. 최고의 지혜를 이루신 문수보살과 보현보살의 이야기도 방편의 의미를 잘 보여 줍니다.
　보현보살은 깨달음을 얻은 후에 돼지를 제도하려고 돼지가 되셨

습니다. 주막에서 새끼를 낳아서 보살행을 하고 있었지요. 그때 한 스님이 문수보살을 친견하려고 천 일 수행 정진을 하였으나 뜻을 이루지 못하고 탁발에 나섰습니다. 스님은 하산길에 한 노인을 만났습니다. 노인은 편지 한 통을 스님에게 주며 부탁을 하였습니다. 마을 주막에 가면 돼지우리가 있을 터이니 그곳에 이 편지를 던지라는 부탁이었지요.

스님은 마다할 수 없어 편지를 받아 주막으로 갔습니다. 노인의 말대로 주막 안에는 어미 돼지와 새끼들이 우글거리는 돼지우리가 있었습니다. 그곳을 향해 편지를 던지니 어미 돼지가 얼른 받아먹더랍니다. 돼지는 편지를 삼키자마자 비명을 지르며 어이없게 죽었습니다.

주막 주인은 불같이 화를 내며 스님을 관아에 고발했습니다. 스님은 어쩔 줄 몰라 그동안 있었던 일을 소상히 얘기해야 했지요. 스님의 죄를 찾지 못한 관리는 그 자리에서 돼지의 배를 가르게 했습니다. 돼지의 배에서 나온 편지에는 이런 내용이 적혀 있었습니다.

'보현보살, 문수가 보냅니다.

중생을 제도하려고

너무 오랫동안 업의 바닷속을 헤매다 보면

깨달음이 미혹해지므로

속히 진리를 향해서 돌아오십시오.'

스님이 산에서 만났던 노인은 그토록 뵙고 싶었던 문수보살이었고, 주막집 어미 돼지는 보현보살이었던 것입니다. 큰 보살님도 방편에 너무 치우치면 깨달음의 지혜가 어두워질 수 있다는 이야기입니다.

수행과 방편은 새의 양 날개와 같습니다. 양 날개가 함께 있어야 자유롭게 날듯이 수행과 방편이 균형을 잡아야 자유인이 됩니다. 여러분도 수행과 방편이 균형을 잃지 않도록 늘 깨어 있는 삶을 살기 바랍니다. 그런 인생이야말로 더없이 멋진 삶이 아닐까요?

여기,
이 자리가 도량이니라

사람들은 하루하루 살기 바빠 수행할 시간이 없다고 말하곤 합니다. 수행은 여러분의 생각처럼 거창한 것이 아닙니다. 임제 선사님은 '수처작주隨處作主 입처개진立處皆眞'이라는 말을 남기셨습니다. 머무는 곳마다 참되게 머물러 처해진 곳의 주인이 되라는 의미입니다. 물론 주인이란 자기가 하고 싶은 대로 하는 주인이 아닙니다. 부처님 말씀에 비추어 바른 마음대로 하는 주인을 말하지요.

내가 처해 있는 자리에서 진실하게 살아가는 것도 수행입니다.

지금 내가 서 있는 곳이 어디이든 진리의 비가 내리고 있기 때문입니다. 진리를 멀리 밖에서 찾을 것이 아니라 지금 딛고 서 있는 발밑에서 찾아야 합니다. 제가 보살로 이름을 널리 떨치신 유마 거사도 처자를 거느린 수행자였습니다. 유마 거사는 어떤 위대한 수행자보다 깊은 수행으로 집착을 버리는 아름다움을 실천하셨습니다.

유마 거사는 도 닦는 도량은 세속과 닿지 않는 고즈넉한 산사에만 있는 것이 아니라고 했습니다. 우리가 먹고사는 이 자리에서도 진리를 구하는 마음만 있으면 그만이라고요. 중생과 함께하는 이곳이 도량이라고 선언하셨습니다.

세상 중심에 있어도 마음의 중심을 잡고 지혜롭게 살아가는 사람이라면 대승 불자로서 깨달음을 얻을 수 있습니다. 법은 어디에나 있습니다. 설에 사는 수행자라고 해서 꼭 깨달음을 얻지는 않지요. 세간과 출세간은 구분되어 있지 않습니다.

법에도 차별이 없습니다. 모든 차별은 우리의 집착이 두는 것입니다. 우리의 삶도 차별이 없습니다. 여러분이 있는 그 자리가 보살행 자리입니다. 미혹한 삶의 현장에서 깨달음의 삶으로 전환되는 곳이지요. 하루에 30분이라도 정진하는 시간을 가지십시오. 삶의 모습이 바뀝니다.

난 가만히 있는데
바람이 그대를 부르네요.
그립다고

내가 아닌
바람의 소리인 까닭에
그렇다고, 그렇다고

잠들 수 없는 긴 밤
애꿎은 바람 탓하려 밖으로 나가면
낙엽 진 빈 가지들 사이로 어느덧 달아나 버리고.

그런 바람 어쩔 수 없어
들창문 꼭 닫고 숨어들면
바람 소리는 또다시 문전에 다가와
더욱 또렷이 속삭이지요.
그리운 거라고

아!
혼령 같은 바람이여

〈바람의 소리 - 원경〉

두터운 습을 넘어 자유로

우리가 가지고 있는 업이란 '습(習)'의 관성입니다. 전생의 습과 현생의 습이 쌓여 고유한 인연과 업보를 불러내는 것이지요. 또한 이 인연이 내생에서의 다른 업연을 만들어 내고요. 말하자면 업이 우리를 지배하고 있다고 해도 과언이 아닙니다. 업의 습성과 관성이 잠재적으로 자신의 성향과 인성을 상당 부분 만들었으니까요.

당연히 업에서 벗어나기란 아주 어렵습니다. 자기 개혁을 위한 간절한 염원과 노력이 필요합니다. 또한 남다른 '혁범성성革凡成聖'의

각오가 필요하고요. 혁범성성은 범부중생凡夫衆生의 생각과 생활 태도를 근본적으로 뜯어고쳐 부처가 된다는 것입니다. 그러기 위해서는 꾸준한 수행과 업장 소멸을 위한 정진이 필요합니다.

여러분이 오랫동안 습에서 벗어나려는 노력을 기울인다 해도 그리 쉽게 이루어지지 않을지 모릅니다. 아주 길고 긴 시간이 필요하다는 이야기입니다. 우리의 습 또한 아주 긴 시간에 걸쳐 만들어졌지요. 그만큼 습을 뛰어넘기란 아주 어렵습니다.

습을 뛰어넘기가 왜 그토록 어려운 일일까요? 습에서 벗어남이란 집착을 놓음입니다. 집착이 생길수록 습에서 벗어나기는 어려워집니다. 굳어진 업력에 사로잡혀 있다면 새로운 삶의 방식을 받아들이지 못합니다. 손에 쥔 돌멩이에 집착하느라 금덩어리를 면전에 두고도 얻지 못하는 형국이 아닐 수 없습니다.

집착을 버리는 생활이 곧 수련의 생활이요, 수도자들의 생활입니다. 습을 뛰어넘는 방법이기도 하고요. 인생의 변화를 바란다면 집착을 버리는 마음 관찰에 집중하여야 합니다.

천 년 동안 불을 켜지 않은 어두운 방이라도 한 번 등불을 밝히면 찰나에 온 방이 밝아집니다. 마찬가지입니다. 깨달음의 등불이 일단 밝혀지면 순식간에 삶의 의지가 바뀌고, 태도도 바뀌기 마련입니다.

두 번째 이야기

세상 공부

화롯불에
눈꽃 지다

 현대인들은 하루에도 수십 번 천국과 지옥을 오락가락하는 삶을 살고 있습니다. 머리를 싸매고 고민해야 할 일도 많고, 목젖이 보이게 웃어도 부족할 만큼 흥겨운 일도 많습니다. 하루 종일 일희일비하는 마음의 파도를 타다 보면 저녁에는 온전한 정신이 아니지요.

 마음을 죄는 고민거리가 있을 때나, 마음이 흉흉할 때에는 서산 대사의 게송을 마음에 담아 보기 바랍니다. 마음에 기쁨이 넘쳐 웃

음이 떠나지 않을 때나, 흥분이 가라앉지 않을 때에도 서산 대사의 게송을 음미해 보십시오. 서산 대사는 다음과 같이 말했습니다.

'홍로일점설紅爐一點雪'

하늘에서 아무리 많은 눈발이 쏟아져도 붉은 화로에 떨어지면 흔적 하나 남지 않습니다. 마찬가지로 아무리 많은 번민도 깨달은 자에게는 모두 붉은 화로에 떨어지는 눈꽃과 다를 바 없다는 의미입니다.

한 점 눈꽃이라니! 얼마나 찰나적이고 무의미합니까? 천 가지, 만 가지 생각들로 잠 못 드는 사람들에게 명의의 처방이 따로 없습니다. 뜨겁게 머리를 달구던 번민이 일순간 사라져 청량함이 느껴질 말씀이지요.

번민은 붉게 달궈진 화로 속에 떨어질 한 점 눈꽃이거늘, 왜 우리는 공연히 그것에 매달려 긴긴 밤 잠 못 들고 있을까요? 아무리 꾀를 써서 일을 도모하려 해도 인연이 허락하지 않으면 안 되거늘, 왜 우리는 이리 안달하고 있을까요?

지난 일은 돌이켜 보지 마십시오. 오직 지금 이 순간을 살아가십시오. 앞날도 걱정하지 마십시오. 오직 지금 이 순간을 살아가십시오. 이것만으로도 훨씬 편안하고 맑은 마음을 유지할 것입니다. 차차 번민도 줄어들 것입니다.

복을 지어야
복을 받지

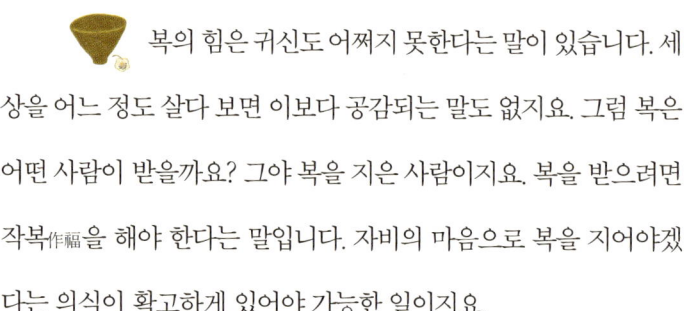 복의 힘은 귀신도 어쩌지 못한다는 말이 있습니다. 세상을 어느 정도 살다 보면 이보다 공감되는 말도 없지요. 그럼 복은 어떤 사람이 받을까요? 그야 복을 지은 사람이지요. 복을 받으려면 작복作福을 해야 한다는 말입니다. 자비의 마음으로 복을 지어야겠다는 의식이 확고하게 있어야 가능한 일이지요.

    수많은 복 중에서도 현대를 살아가는 사람들이 가장 절실하게 바라는 복은 재물복이 아닐까요? 당연히 재물복도 복을 지어야 받을

수 있습니다. 평생 동안 돈을 따라다닌다고 돈을 벌지는 않습니다.

모든 복은 스스로 지은 바에 따라 받습니다. 권선징악과는 다른 의미입니다. 선과 악의 개념은 시대에 따라 달라지지만, 자신이 오랜 세월 동안 알게 모르게 뿌린 복의 씨앗은 열매를 맺어 반드시 돌아오지요. 그것을 자작자수自作自受라고 합니다. 부처님께서는 복을 바라는 중생들이 반드시 버려야 할 세 가지를 말씀하셨습니다.

첫째, 숙명론宿命論입니다. 자기 의지와 상관없이 만들어진 운명을 무조건적으로 따르는 행동입니다. 스스로 의지를 포기하는 일이죠. 좋은 팔자는 복을 지으면 세 배나 좋아진다고 하였습니다. 비록 좋은 팔자라도 복을 짓지 않으면 복덕이 오히려 반감되지요. 나쁜 팔자라도 복을 지으면 큰 고난을 면할 수 있습니다. 나쁜 팔자가 복마저 짓지 않는다면 큰 시련과 고난이 떠나지 않게 됩니다.

둘째, 유신론唯神論입니다. 신의 뜻으로 모든 것이 이루어진다고 믿는 사람들입니다. 인과응보와 상관없이 신만 믿으면 모든 것이 이루어진다는 믿음을 말하지요. 아주 탐욕스러운 이기심이 아닐 수 없습니다.

셋째는, 우연론偶然論입니다. 모든 것을 우연히 일어난 일이라고 봅니다. 원인도 결과도 없다는 주장이지요. 세상에 독자적으로 생겨나는 것은 없습니다. 여러 존재가 서로서로에게 원인이 되고 결과가 되지요. 부처님께서는 두 묶음의 갈대로 설명하셨습니다. 갈대 두 묶음은 서로를 의지해야 설 수 있습니다. 둘 중에 하나를 치운다면 다른 갈대 묶음도 폴싹 쓰러지고 맙니다. 이것이 있으므로 저것이 있고, 이것이 없으므로 저것도 없습니다. 서로가 서로에게 긴밀하게 연관되어 있습니다.

그럼 얼마만큼 복을 지어야 할까요? 부처님의 제자 아니룻다가 수많은 날을 지새우며 수행을 하다 장님이 되었습니다. 어느 날 옷이 헤어져 사람들에게 옷을 기워 달라고 부탁하였습니다.

"누가 복을 지으시겠습니까?"

그때 부처님께서 선뜻 나서서 옷을 기워 주셨습니다. 아니룻다는 너무 황송해서 여쭈었습니다.

"부처님께서도 더 지을 복이 있습니까?"

부처님께서 말씀하셨습니다.

"복을 짓는 것에 한계가 어디 있겠는가?"

복을 받겠다는 마음은 내려놓고 작복하겠는 마음이 앞서야 합니다. 그 다음은 인연 따라 이루어질 테니까요.

복 짓는 사람,
복 까먹는 사람

복을 지어 재물복을 받았으면 복을 까먹지 말아야 합니다. 재물복을 까먹지 않는 방법은 많든 적든 자신의 재물에 만족할 줄 알고 이타심으로 이웃과 나누는 것입니다. 맛있는 음식과 비싼 옷을 사는 대신 가난한 사람을 위해 돈을 내놓는 자발적인 자비심을 가져야 하고요.

자신이 가진 재물에 만족하지 못하는 사람은 항상 더 많은 재물을 바라는 재물의 노예가 될 수밖에 없습니다. 재물에 대한 욕심의 크기가 거인이 되어 숨도 쉬지 못하게 자신을 짓누르게 됩니다. 먹고살 정도의 살림살이만 있다면 만족하십시오. 그 이상을 바라면 욕심이자 집착입니다.

사람들은 '부자 3대를 못 간다'는 말을 합니다. 그 말을 비웃기라도 하듯 경주 최 부잣집은 무려 12대를 내려오면서 조선 팔도 최고의 부자로 재산을 늘렸습니다. 무려 300여 년 동안 만석꾼 집안의 전통을 이어 나갔지요. 만석꾼은 일 년에 거두어들이는 쌀이 만 석이 된다는 의미입니다. 요즘으로 말하면 재벌 집안이라 하겠습니다.

최 부잣집이 300년 넘게 만석꾼 전통을 지킨 비결은 무엇일까요? 해답은 최 씨 집안의 특유한 가훈에서 찾을 수 있습니다. 최 씨 집안의 철학이 담긴 가훈은 다음과 같습니다.

'첫째, 흉년에 땅을 사시 않는다. 흉년이 들면 수천 명씩 굶어 죽는다. 부를 축적하는 대신 굶주린 이들에게 기꺼이 베풀어야 한다.

둘째, 만 석 이상의 재산은 사회에 환원한다. 재산이 축적되는 속도를 저지하고 어려운 이웃과 나눔을 중시한다.

셋째, 과객을 후하게 대접한다. 나그네의 어려움을 가족과 같이 여긴다.

넷째, 주변 100리 안에 굶어 죽는 사람이 없게 한다. 이웃 사람들이 굶는데 혼자 잘사는 것은 도리가 아니다.

다섯째, 벼슬은 진사 이상 하지 않는다. 돈이 있으면 권력을 잡고 싶어 하는 마음을 멀리한다.'

최 씨 가문의 마지막 부를 지켰던 최준은 집안의 철학을 이어받아 또 다른 결단을 내렸습니다. 영남대학교의 전신인 대구대학과 청구대학에 남은 재산을 기증하고 스스로 역사의 무대 뒤로 사라졌습니다. 그는 일제 강점기에 백산무역주식회사의 대주주로 참여해 독립 자금을 지원하며 다음과 같은 말을 남겼습니다.

"재물은 분뇨와 같아 한곳에 모아 두면 악취가 나서 견딜 수 없게 됩니다. 재물을 사방에 골고루 흩뿌리면 거름이 되는 법이지요."

그는 자신의 말을 평생 잊지 않고 살았고, 그 가치를 용기 있게 실천에 옮겼습니다. 억만장자일지라도 자신이 가진 재물을 나누지 않으면 삶이 행복하지 않습니다.

근본적으로 인간은 자신의 재물에 만족하지 못해 욕심이 불어납니다. 욕심은 무엇으로도 채울 수 없지요. 마음을 채우는 공부가 무엇보다 시급한 이유입니다. 마음 공부에 끝없는 욕심을 갖고 재물에는 더 이상 집착을 두지 않는 수행자가 되십시오. 더 이상 재물에 대한 욕심이 생기지 않아야 진정한 부자입니다

그대 입김으로

나의 가슴에 숨결을 주오.

천지의 바람으로도

가슴은 숨 가빠 하나니

그대는 작되

나의 천지가 되고

천지는 크되

나의 숨결도 채워 주지 못하나니.

그대여!

바라옵건대

나의 천지가 되어

숨결을 주오.

〈그대 나에게 숨결을 주오 - 원경〉

가장 아름다운 도반,
부부

 어느 날 부처님께서 제자들에게 물으셨습니다.

"수행을 하는 데 도반道伴이 얼마나 도움을 준다고 생각하느냐?"

제자들이 앞다투어 대답을 하였습니다.

"절반입니다."

"삼분의 일입니다."

부처님께서는 제자들의 대답을 모두 들으시고 말씀하셨습니다.

"도반은 수행의 전부이니라."

부처님께서는 도반의 중요성을 누차 말씀하셨습니다. 도반은 서로 도우면서 같은 길을 함께 가는 좋은 벗이란 뜻입니다. 불교에서 추구하는 같은 길이란 깨달음이겠지요. 그러니까 도반이란 깨달음을 목적으로 도를 수행하는 벗을 말합니다.

절에서 수행하는 스님들에게는 같은 도량에서 고락을 함께하며 도를 닦는 도반이 있습니다. 그럼 속세에서 생활하는 여러분에게 중요한 도반은 누구일까요? 바로 배우자입니다.

세상에 소중하지 않은 인연이 어디 있겠습니까마는 부부의 인연은 참으로 기이하지요. 가족으로 만나는 인연 중에서 유일하게 혈연으로 맺어지지 않습니다. 그럼에도 가족 중에 가장 가까운 사람이지요.

불교에서 부부의 인연은 칠천 겁의 연이라고 말합니다. 부부 인연의 지중함을 알아야 더욱 서로를 사랑하고 존중하게 됩니다. 부부 연을 맺은 사람은 몇 가지 명심해야 할 것이 있습니다.

첫째, 인욕할 줄 아는 마음입니다. 함께 살아가면서 평화를 이루는 데 인욕하는 덕성만큼 중요한 것이 없습니다. 참는 덕성이 없다면 결코 부부간의 존중과 평화는 실현되지 못합니다. 상대방 허물만 보려 하지 말고 자신의 허물도 살피는 마음부터 챙기십시오.

둘째, 결혼은 단순히 두 사람만이 아니라 두 집안이 연을 맺는 것

이어서 윗사람을 잘 봉양하고 아랫사람을 잘 보살펴야 합니다. 조상이 있기에 우리가 있다는 진리를 잊지 말고 조상을 잘 모셔야 합니다. 부처님께서 말씀하시길, 윗사람을 공경하는 가정과 민족은 공덕이 커서 결코 망하지 않는다고 하셨습니다.

셋째, 부부는 서로 예절을 지켜야 합니다. 오랜 세월 같이 살다 보면 서로를 가볍게 대하거나 존중하는 마음을 잃기 쉽습니다. 서로에게 존칭을 쓰거나 공손하게 대하면 친근함 속에서도 존경을 잃지 않는 고귀한 부부 관계를 이루게 됩니다.

넷째, 가정 살림을 하면서는 부처님의 경제관을 실행해야 합니다. 부처님께서는 이법에 맞는 경제생활을 다음과 같이 말씀하셨습니다.

"열심히 배워 직장을 구하라. 그 대가로 재물을 얻으면 조화롭게 4등분하라. 4분의 1은 가족의 생계비로 쓰고, 4분의 1은 사업을 영위함에 쓰고, 4분의 1은 저축하여 후일에 필요할 때 쓰고, 4분의 1은 일가친척이나 어려운 이들에게 베풀어 복을 지어라."

도반은 기쁨과 고통을 같이 나누는 것에서 그치지 않고 함께 큰 목적을 추구하며 실천하는 사이입니다. 세상에서 가장 소중하고 절친한 도반인 부부의 인연을 다시 한 번 되새겨 빛바램이 없는 건강한 부부애를 성취하십시오.

어디 갔다 왔누

지친 기다림 끝
메마른 가슴 숲으로
쓰러질 듯 폭 안겨 든
너의 지친 귀환!

비로 울다가 또 잠들고
혼몽 중에 뒤척이는 대 바람 소리

또다시 숲 안개는 그대를 휩싸고 돌고
눈 깨인 시간만큼이나
지쳐 잠들어야 하는
나그네의 숙명!

아!
그대 돌아와 잠든 다행함 중에
나 비로소 이 산 넘에
가득 찬 평온으로 휩싸이노라.

<돌아온 도반 - 원경>

마음의 출가를
떠나 보지 않으시겠습니까?

　　　　출가를 하는 이유는 다시 태어나기 위해서입니다. 어머니 배 속에서 태어났다고 생의 시작이 아닙니다. 육신이 태어났다 하여도 정신이 새로 태어나야 새로운 생이 시작되지요. 그것이 출가입니다.

　생과 사는 둘이 아니라 했습니다. 생은 죽음을 낳고, 죽음은 생을 낳습니다. 출가도 같습니다. 출가를 하면 육신의 부모 형제를 여의며 현생에서의 죽음을 맞습니다. 이 순간 정신은 거듭 태어나지요. 태어남이 죽음을 부르듯이 죽지 않고서야 어찌 태어남이 있겠습니까?

육신의 죽음만을 죽음이라 이르지 마십시오. 우리는 매 순간 새로운 삶의 변화를 위해 거듭해서 죽음을 만들어야 합니다. 그 죽음은 마음을 크게 먹고 일주일 동안 수행 행자를 자처해도 만들어집니다. 백일기도나 참선 수행이 되기도 하겠지요. 성찰을 위한 침묵의 시간 또한 성스러운 죽음이 됩니다. 이 가운데에서 생사불이의 진리를 보게 됩니다.

우리의 역사 속에는 죽음의 시간을 겪고 새로 태어난 인물들이 많이 있습니다. 단군 신화를 보면 어두운 동굴에서 곰이 쑥과 마늘만으로 백 일을 견딘 후 웅녀로 다시 태어납니다. 어머니 배 속에서 태어난 육신으로 그치지 않고 죽음의 시간을 거쳐 업을 바꾸었지요. 자신을 버리는 죽음을 통해 삶의 반전이 일어난 것입니다.

부처님도 목숨을 던진 육 년 고행을 통해 깨달음을 얻으셨습니다. 달마 대사도 소림 면벽 수련을 9년 동안 하신 후에 법을 깨우치셨습니다. 죽음 뒤에 일어난 반전의 아름다움입니다.

출가는 현생의 삶을 끊는 근본적인 죽음입니다. 이 죽음의 목적은 고통을 제거하기 위해서입니다. 전쟁이 터진 후에 막겠다고 노력하면 늦습니다. 미리 전쟁을 막기 위한 준비를 해야 하지요. 참호를 파고, 성문을 높게 세우고, 망을 보는 탑을 미리 쌓아야 합니다. 우리의 삶 역시 고통이 찾아온 후에 준비하면 늦습니다. 그래서 출가를 합니다. 아주 특별한 가치가 있는 삶이지요.

부처님께서는 출가를 가장 곧은 지름길이라고 말씀하셨습니다. 중생에서 부처가 될 때까지 마음의 고통을 없애고 부지런히 정진하는 삶이니까요. 우리가 가뭄이 올까 염려하여 깊은 우물을 파듯이 탄생과 죽음, 늙음과 질병의 고통으로부터 해탈하기 위해 차근차근 준비하는 생이니까요.

여러분은 중생의 업을 떨치고 거듭 태어나고 싶으신가요? 세속의 집착을 모두 버리는 마음의 출가를 하십시오. 마음의 출가는 새롭게 태어나기 위한 성스러운 죽음임을 잊지 마십시오. 성스러운 자기 버림을 통해 생의 업을 바꾸시길 바랍니다. 불교를 만나 부지런히 공부하는 것은 고통으로부터 해탈하는 정진임을 잊지 말고 수행의 고삐를 더욱 단단히 쥐시기 바랍니다.

자신에게 속고

남에게 속는 게

인생이지.

자신을 알고

남을 아는 게

참 인생이지.

꿈속에

사는 게

인생이지.

꿈 깨고

사는 게

참 인생이지.

끝이 없는
부모님 은혜

부처님께서는 은혜를 알고 갚는 일은 아주 중요하다고 말씀하셨습니다. 착한 사람이란 은혜를 알고 갚아 가는 사람이라고 했지요. 은혜 중에서 으뜸은 말할 것도 없이 부모님의 은혜입니다.

우리는 부모님 뜻이 아니라 자신의 업에 따라 세상에 태어났습니다. 업이란 전생 결과입니다. 자신에게 원인이 더 있다고 하겠지요. 그러니 인생살이가 고달프다고 부모님 원망을 하는 것은 아주 어리석은 짓입니다. 부모님의 은혜는 끝이 없습니다. 하나하나 짚어 볼까요?

첫째, 나를 잉태하고 지켜 주신 은혜입니다. 우리는 여러 겁을 내려오며 맺은 인연으로 어머니의 태를 빌어 태어났습니다. 날이 가서 아기의 오장이 생겨나면 어머니 몸은 무겁기가 산과 같습니다. 그래도 어머니는 바람결도 겁을 내며, 아름다운 비단옷에도 뜻이 없으십니다.

둘째, 해산에 임하여 고통을 받으신 은혜입니다. 아기를 몸에 품고 열 달이 차서 해산이 다가오면 몸은 중병을 얻은 듯 힘들고 정신은 아득해집니다. 두렵고 떨리는 마음을 무엇으로 형용할 수 있을까요. 어머니 근심은 눈물이 되어 가슴속에 가득합니다.

셋째, 자식을 낳고 모든 고통을 잊어버리는 은혜입니다. 아기를 낳으신 날, 오장육부가 쪼개진 듯 몸과 마음이 모두 끊어졌습니다. 짐승 잡은 자리같이 피가 넘쳐 나도 낳은 아기 씩씩하다는 말을 들으면 기쁨이 샘솟습니다.

넷째, 입에 쓰면 삼키고 달면 뱉어서 먹이신 은혜입니다. 어머님은 단 음식은 모두 뱉으시고 쓴 음식만 삼키어도 밝은 얼굴을 잃지 않습니다. 어느 때나 어린 아기 잘 먹일 자비로운 마음에 굶주림도 마다하지 않으시지요.

다섯째, 마른자리에는 아이를 눕히고 진자리에 자신이 눕는 은혜입니다. 어머님 자신은 진자리에 누우시고 아기는 마른자리에 눕히시며, 젖으로 기갈을 채워 주고, 고운 옷소매로 찬 바람을 가려 주십니다.

여섯째, 젖을 먹여 길러 주신 은혜입니다. 아버지 품어 주시고 어머니 젖을 주시어 이 몸이 자라났습니다. 설령 아기의 눈이 없어도 미워할 줄 모르시고, 손과 발이 불구여도 싫어하지 않으십니다.

일곱째, 깨끗하지 못한 몸을 씻어 주신 은혜입니다. 옛날 어머님 얼굴은 누구보다 아름다우셨습니다. 두 눈썹은 버들잎 같고, 두 뺨은 연꽃보다 빛났지요. 은혜가 깊을수록 얼굴은 여위고 손발은 거칠어 갑니다. 아침저녁으로 아기를 씻기느라 정작 당신 얼굴은 씻지 못하십니다.

여덟째, 자식이 멀리 가면 걱정하고 염려하시는 은혜입니다. 자식과 죽어서 헤어지기도 견디기 어려운 일이지만, 살아서 헤어짐은 더더욱 아프고 슬픕니다. 자식이 집을 나가 먼 길에 오르면 어머니의 모든 마음도 타향으로 나가 있습니다.

아홉째, 자식의 고통을 대신 받는 은혜입니다. 자식이 고생하면 마음이 편치 않아 괴로움을 대신 받기 원하십니다. 자식이 머나먼

길 떠난다 들으시면 잘 있는가, 춥잖은가 밤낮으로 걱정하십니다.

열째, 끝까지 자식을 사랑하는 은혜입니다. 부모님은 일백 살이 되어도 여든 된 아들딸 걱정에 잠을 못 이룹니다. 그 크신 사랑은 수명이 다해야 쉬실 것입니다.

부모님의 은혜는 이처럼 헤아릴 길 없이 깊고 넓습니다. 불교에서는 부모님의 크신 은혜를 갚아 가는 방법을 다음과 같이 가르치고 있습니다.

첫째, 생업을 잘 일으켜야 합니다. 둘째, 일찍 일어나서 심부름을 하고, 때에 맞게 식사를 준비해야 합니다. 셋째, 부모의 근심거리가 늘지 않게 해야 합니다. 넷째, 마땅히 부모의 은혜를 생각해야 합니다. 다섯째, 부모가 질병에 걸리면 두려운 생각을 내어 의사를 불러야 합니다.

진정한 불자라면 세속적인 방법에 그쳐서는 안 됩니다. 부처님께서는 부모님을 영원한 안락의 길에 들게 해야 한다고 말씀하셨습니다. 불심이 없는 부모님이라면 불법의 세계로 안내하고, 재물에 욕심이 많은 부모님이라면 보시를 실천하게 하고, 지혜에 어두운 부모님이라면 참 지혜가 들게 하여 영원한 평안을 찾도록 하는 것이 부모님의 은혜를 갚는 참된 길이라 하였지요.

부모를 곁에 두고 안락하게 모시는 일은 물론이요, 부처님 말씀을 전하여 지혜를 키우게 도와 드려야 진정한 효행의 길이라 하겠습니다. 부모가 진리의 길에 들어 생사의 고통으로부터 벗어난다면 그보다 큰 효도가 있겠습니까? 결국 효도는 부모님의 인격을 높은 차원으로 끌어올려 가장 가치 있는 삶을 실천하도록 하는 것입니다.

파랑새가
어디 있나요

 중국의 대안 선사가 백장산에 백장 화상을 찾아갔습니다.

"도대체 부처가 무엇입니까?"

백장 화상이 말했습니다.

"마치 소를 타고 소를 찾는 것과 같으니라."

진리는 우리와 함께 있는데 엉뚱한 곳에서 찾고 있다는 뜻입니다. 여러분은 자신 안에 숨어 있는 보물 중 무엇이 최고라고 생각하

십니까? 바로 자신한테 갖추어져 있는 마음자리입니다. 백장 화상이 자기 마음 찾는 공부를 기우멱우騎牛覓牛라고 한 이유입니다. 소를 타고서 소를 찾는 답답함을 표현했지요.

중생의 눈에는 소가 어디 있는지 도대체 보이지가 않습니다. 소 등 위에 앉아 있으면서 소를 찾고 있으니 이보다 답답한 일이 있겠습니까? 진리는 우리 일상에서 찾아야 합니다. 생활 밖에서 진리를 찾는다면 토끼에게서 뿔을 찾는 것과 같다고 조주 스님도 말씀하신 바 있습니다. 생활 속에서 자신을 놓치며 산다면 100년을 살아도 아무 의미가 없습니다. 온전히 깨어 있는 삶을 산다면 시간이 얼마 되지 않는 인생이라도 아름다운 삶을 사는 것입니다.

도를 깨치기 위해 죽도록 힘쓰라는 말이 아닙니다. 조급해하거나 서두르면 오히려 마음의 평정을 찾지 못하고 진리에서 더 멀어질 수 있습니다. 그저 우리의 일상을 온전히 받아들이십시오. 여러분 자체를 그대로 받아들이면 됩니다. 지금 이 순간 이 자리에서 마음의 집착을 비우면 이미 성스러운 소를 타고 있는 것입니다. 산 너머 먼 곳에서 어마어마한 깨달음을 찾겠다는 생각은 아예 버리십시오.

벨기에 동화 〈파랑새〉를 모두 알고 있겠지요. 파랑새는 행복을 은유적으로 표현한 것이지요. 주인공은 현실에 만족하지 못하고 파랑새를 찾아 헤맵니다. 주인공의 모습이 우리와 닮아 있습니다. 우리 모두 파랑새 증후군을 앓고 있습니다. 파랑새 증후군을 떨치고 현실을 온몸으로 살아 내기 바랍니다. 내가 지은 업은 도망친다고 해결되지 않습니다. 지은 대로, 뿌린 대로 받으면서, 거두면서 살아가야 합니다.

부드러운 말에는
향이 있습니다

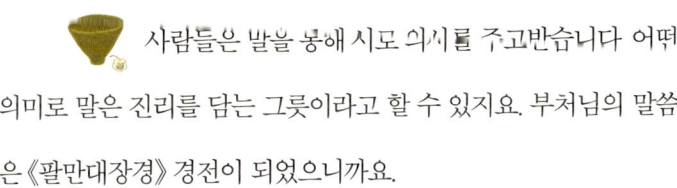 사람들은 말을 통해 서로 의사를 주고받습니다. 어떤 의미로 말은 진리를 담는 그릇이라고 할 수 있지요. 부처님의 말씀은 《팔만대장경》 경전이 되었으니까요.

말을 잘못하면 자신에게나 남에게나 큰 업이 됩니다. 말 한마디에 그동안 쌓아 놓았던 공덕이 한순간에 수포로 돌아가는 것이 구업口業입니다. 옛 어른들은 만 가지 허물이 입에서 출발한다고 하였고, 입 안에는 도끼가 들어 있으니 항상 조심하라고 가르쳤습니다. 말을 해

서 좋은 경우보다는 나쁜 경우가 많아 늘 말을 조심하라며, 쓸데없는 말의 공해로부터 벗어나 자신의 내면을 성찰하라는 당부였습니다.

우리나라 선비들은 말을 못 하는 사람처럼 말을 삼가는 덕을 삼았습니다. 중생들은 말을 못 하면 병이 나지요.《삼국유사》에 이런 이야기가 있습니다.

신라 제48대 임금인 경문왕은 귀가 나귀처럼 아주 길었습니다. 왕은 왕관 속에 귀를 숨겨 아무도 알지 못하게 했지만, 왕관을 만드는 복두장㡤頭匠에게는 귀를 내보여야 했습니다. 복두장은 그 사실을 평생 비밀로 지키기로 했습니다. 하지만 비밀을 알면서도 말을 못 하자 복두장은 시름시름 앓아눕게 되었습니다. 그는 하고 싶은 말을 하지 못하는 답답함에 도림사의 대나무 숲을 찾아갔습니다. 대나무 숲에서 있는 힘을 다해 힘껏 외쳤지요.

"임금님 귀는 당나귀 귀다."

그 후 바람이 불면 대나무 숲에서 '임금님 귀는 당나귀 귀다'라는 소리가 들렸다고 합니다. 그 소리가 싫어서 경문왕이 대나무를 모두 베어 버리고 산수유를 심게 하였다는 이야기입니다.

우리는 복두장처럼 가슴에 담아야 할 이야기를 쉽게 바람에 내놓고 있지 않나요? 한번 밖으로 내뱉어진 말은 여러 사람의 입을 거치면서 과장되고 왜곡되기 마련입니다. '너만 알아라!' 하고 지인에게 한 말은 신기하게도 더 빨리 퍼진다는 이야기가 있습니다. 황희 정승도 이런 사람들의 심리를 잘 파악하고 있었나 봅니다.

조선 시대에 북방에서 오랑캐가 내려와 양민을 괴롭히자 김종서 장군이 나서 오랑캐를 내쫓고 육진六鎭을 설치하여 백성들의 삶을 안정시켰습니다. 그러자 몇몇 경쟁자들이 김종서 장군을 시기하여 거짓 소문을 내었다고 합니다. 황희 정승은 소문을 막기 위해 묘책을 내었습니다. 어느 날 아침 부인에게 말했습니다.

"오늘 잠자리에서 일어나니 귀에서 파랑새가 날아갔소이다."

부인은 딸에게 말하고, 딸은 남편에게 말하고……. 이렇게 조선 바닥에 그의 소문이 자자하게 퍼졌습니다. 급기야 대궐에 있는 세종대왕에게도 소문이 들어갔습니다. 대왕은 황희 정승을 불러 물었습니다. 그는 세상 소문이 얼마나 빠르고 무서운지 알아보려고 퍼뜨린 거짓 소문이라고 아뢰었습니다. 지혜로운 세종은 그 뜻을 알고 김종서 장군에 대한 헛된 소문을 묻었다고 합니다.

부주의한 말 한마디가 싸움의 불씨가 되고, 잔인한 말 한마디는 삶을 송두리째 파괴하기도 합니다. 쓰디쓴 말 한마디는 증오의 씨가 되고, 무례한 말 한마디는 사랑의 불을 끄지요. 우리는 항상 은혜로운 말, 즐거운 말을 일삼아 업을 짓지 않고 복을 얻는 사람이 되어야 합니다. 부드러운 말에는 천리만리로 퍼지는 아름다운 향이 있습니다.

성 안 내는 그 얼굴이 참다운 공양구요 面上無瞋供養具,
부드러운 말 한마디 미묘한 향이로다 口裏無瞋吐妙香.
티가 없는 진실한 그 마음이 心裏無瞋是珍寶
언제나 한결같은 부처님 마음일세 無染無垢是眞相.

〈문수보살의 시자인 균제 동자의 게송〉

초연하게,
온화하게

 불교를 상징하는 꽃은 연꽃입니다. 《아미타경》에는 극락정토의 연꽃을 이렇게 노래하고 있습니다.

'푸른 연꽃에서는 푸른 광채가

노란 연꽃에서는 노란 광채가

흰 연꽃에서는 흰 광채가

붉은 연꽃에서는 붉은 광채가 나서

아름답고 기묘하고 향기롭기가

이보다 더할 수 없다.'

푸른 연꽃에서 푸른 광채가 난다는 표현은 푸른 꽃이 푸른색의 역할을 톡톡히 하고 있다는 뜻입니다. 흰 연꽃도 붉은 연꽃도 자신의 빛깔이 지극해서 형용할 수 없는 아름다움을 만들었지요. 자기 본분에 맞게 빛깔과 향기를 지극히 내어야 가능한 일입니다.

불가에서 내려오는 수처작주 입처개진隨處作主 立處皆眞도 같은 의미를 담고 있는 표현입니다. '수처'란 조건과 상황에 따라 달라지는 환경과 삶터를 말합니다. '작주'란 인생의 주인공이 되어 주체적으로 살라는 뜻이고요. '입처개진'이란 지금 있는 자리가 깨달음의 자리라는 뜻을 담고 있습니다.

우리는 한시도 같은 삶을 살지 못합니다. 늘 변화의 시간 속에서 살지요. 무한한 변화 속에서도 변하지 않는 것은 그 속에 내가 있다는 사실입니다. 주변이 변한다고 내가 다른 사람이 되지는 않습니다. 나는 나에게서 영원히 달아날 수 없는 존재입니다. 기뻐하고 슬퍼하는 주인은 다름 아닌 나입니다. 그렇다면 묵묵히 이 자리를 지켜야 하지 않을까요?

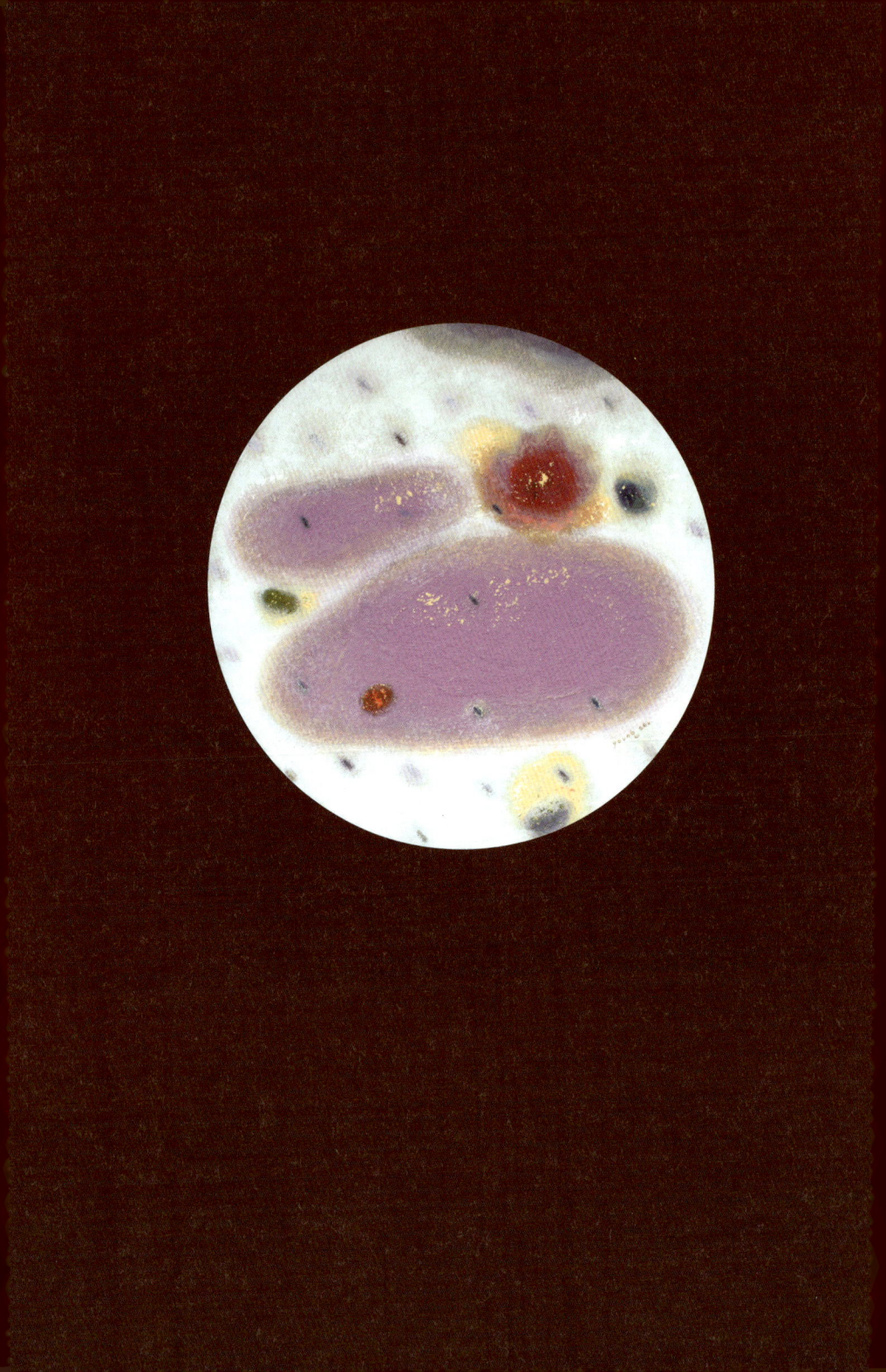

우리는 머무르는 곳마다 주인이 되어야 합니다. 지금 있는 곳이 바로 깨달음의 세계이니까요. 주인이 되라고 해서 대장이 되라는 뜻이 아닙니다. 자기가 처한 위치에서 제 역할을 다할 줄 알아야 한다는 말이지요. 푸른 연꽃처럼 말입니다.

언제 어디서나 늘 진실하고 주인처럼 주체적으로 살아간다면 그 자리가 최고 행복한 자리가 아닐까요? 임금은 임금답게, 신하는 신하답게, 아버지는 아버지답게, 자식은 자식답게 살아야 한다는 유가儒家의 가르침도 있습니다. 우리 모두 자신의 역할과 본분을 충실하게 해내야 세상이 훨씬 밝고 건강해지겠지요.

점점 처세가 어려워지는 요즘, 중국 명나라 학자 육상객陸湘客의 '육연처세六然處世' 생활 덕목을 한번 음미해 보는 것도 좋겠습니다.

'자신에게 붙잡히지 않고 초연하게自處超然

남에게 언제나 온화하게處人藹然

일이 있으면 활기에 넘치게有事斬然

일이 없으면 마음을 맑게無事澄然

성공하여 만족할 때에는 담담하게得意澹然

실패했을 경우에는 침착하게失意泰然.'

수행은
팔자를 바꿉니다

업을 한마디로 말하면 우리 인생의 모든 기록이라고 하겠습니다. 우리가 하는 말, 행동, 생각 하나하나가 쌓여 업이 되지요. 업은 누구도 바꿀 수 없습니다. 다만 업은 계속해서 쌓여 갈 뿐이지요. 업을 책임져야 할 사람은 바로 자신입니다. 업에는 인과가 따르기 마련인데, 그것이 우리의 팔자이고요.

과연 팔자를 바꿀 수 있을까요? 전생의 업은 불변한다고 했습니다. 하지만 현생과 내생에 올 업은 바꿀 수 있습니다. 지금 업을 어떻게 쌓느냐에 따라 달라지니까요. 다음 생을 위한 새로운 프로그램을 만드는 것은 우리입니다. 아니, 우리의 마음입니다. 수행을 하는 이유가 여기 있습니다. 과거의 업을 바꾸기 위함이 아니라 현생의 업이나 내생의 업을 바꾸기 위함이지요. 우리가 현재 깨어나서 수행을 한다면, 그리하여 인식의 변화가 온다면 업이 바뀌고 현재의 생과 미래의 생이 바뀔 것입니다. 그렇게 팔자가 바뀝니다.

좋은 행위, 좋은 말, 좋은 생각이 쌓이면 좋은 업과 팔자가 생겨납니다. 사주팔자도 마음자리 따라 변한다고 할 수 있습니다. 좋은 사주팔자도, 나쁜 사주팔자도 모두 내 마음의 생김새라는 점을 명심하시기 바랍니다. 좋은 사주팔자를 타고났다 하더라도 현재를 그릇되게 살면 좋은 삶을 살지 못합니다. 나쁜 사주팔자를 타고났다 하더라고 현재를 올바르게 살면 좋은 삶이 기다립니다.

'내 팔자가 왜 이럴까?' 원망하는 사람들을 많이 봅니다. 팔자는 과거의 업이니 순응하십시오. 하늘은 사람들에게 같은 양의 햇살과 같은 양의 비를 내립니다. 다만 하늘 아래 사람의 그릇에 따라 받는 햇살과 비의 양이 달라지지요. 그것은 원망할 것이 못 됩니다. 큰 그릇은 큰 그릇대로, 작은 그릇은 작은 그릇대로 채워짐을 감사하면 행복합니다. 새롭고 아름다운 업을 쌓아 가시기 바랍니다.

병의 원인은
나 자신에게 있습니다

한세상 살다 보면 누구나 한 번쯤 병을 앓기 마련입니다. 심각한 지병에 걸려 오랫동안 자리를 보전하는 분들도 계시지요. 몸이 아프면 으레 마음이 약해집니다. 세상만사가 귀찮아지고 마음에 병까지 생깁니다. 그 절망감은 겪어 보지 않은 사람은 상상하기 힘들지요.

이미 내 몸을 찾아온 병을 원망하고 슬퍼해야 아무 소용이 없습니다. 차라리 병을 앓는다고 화내지 말고 긍정적인 마음가짐을 가지세요. 긍정적인 마음가짐이 병이 악화되는 현상을 막는답니다. 내게 일어난 고통을 받아들이면 남에게 고통을 주는 업을 소멸할 수 있습니다. 자신의 마음에 큰 평안을 가져다주지요. 다른 사람의 고통을 깊이 이해하고 진정한 자비를 베푸는 부처님의 모습을 닮아 가고요.

부처님께서는 몸에 병이 없기를 바라지 말라고 하셨습니다. 몸에 병이 없으면 교만한 마음이 생깁니다. 몸에 병이 생기면 스스로 자기 잘못이 없는가 살피는 반성이 곧 약이 된다고 가르쳤습니다. 우리의 훌륭한 성현들도 병고를 좋은 약으로 삼으셨습니다. 병고가 있어야 마음이 넘치지 않아 자제력이 생기고, 교만하지 않아 겸허해지기 때문입니다.

어느 비구니 스님이 출가를 하여 부지런히 몸과 마음을 닦아 맑은 마음을 갖게 되었다고 합니다. 그러다 나이가 들어 수레에 발이 걸리는 바람에 크게 상처를 입었습니다. 점차 상처는 악화되어 통증이 심해져 갔습니다. 그런데도 스님은 태연하고 차분한 모습을 전혀 잃지 않았습니다. 제자들이 염려되어 물었습니다. 그러자 스님이 답했습니다.

"모두 인과응보니라!"

스님이 출가하기 전에 부엌에서 불을 지피는데 닭이 얼씬거려 귀찮은 마음에 부지깽이로 때리며 밖으로 쫓아냈습니다. 그때 닭의 다리가 뚝 부러졌다고 합니다. 그동안 까맣게 잊고 있었는데, 수레에 걸려 넘어지는 순간 그때의 일이 선명하게 떠올랐다고 합니다. 스님은 모든 것이 인과이니 원망하고 괴로워할 게 하나도 없다고 생각한답니다.

모든 병의 원인은 나 자신에게 있다는 사실을 절대 잊지 마십시오. 누구도 원망하지 않고 자기 스스로 책임지겠다는 마음가짐을 가져야 합니다. 병이 왔다고 절망하지 말고 먼저 왜 병을 앓게 되었는가 성찰해 보십시오. 그 병은 외부에서 오지 않았습니다. 스스로 만들지 않은 병은 하나도 없습니다.

병이 나를 깨어나게 해 참 나를 찾게 할 것이라고 믿으십시오. 진리를 찾아가는 인생살이에는 수많은 일들이 일어나기 마련입니다. 모두 깨달음을 얻기 위한 여정이지요. 분명 진리를 깨닫는 과정이 되어 자신의 인식이 확장되고 마음을 공부하는 기회가 될 것입니다.

건강할 때는 인생의 진정한 의미를 깨닫기 어렵습니다. 온갖 꿈과 희망을 펼치면서 뒤돌아볼 사이도 없이 뛰어가기 바쁘지요. 질병이 찾아온 이유는 나를 뒤돌아볼 시간을 주기 위함입니다. 병에 너무 집착하지 말고 소중한 교훈을 얻는 시간이 되십시오.

병은 여러분의 업장 소멸을 위한 방법으로 생겨나기도 합니다. 아무리 힘들고 괴로운 시간일지라도 병을 앓고 나면 어둡고 탁한 업장이 소멸됩니다. 겹겹이 쌓여 있던 악업들이 풀리면서 내면이 정화되지요.

어떤 병이든 아무런 이유 없이 오는 병은 없습니다. 모든 병은 자신에게 있다는 사실을 겸허하게 받아들이시기 바랍니다. 병의 원인이 나에게 있기 때문에 치유의 방법도 당연히 나에게 있습니다. 물론 지금 병환으로 큰 고통을 받고 있는 분들은 진심으로 받아들이기 어려울지 모릅니다. 그래서 수행이라고 말합니다.

며칠 만에, 몇 주일 만에 완성되는 수행이 아니지요. 날마다 조금씩 마음 공부를 하다 보면 내적인 변화를 느끼게 됩니다. 빨리 이루겠다는 조급증은 내적인 발전에 전혀 도움이 되지 않습니다. 꾸준히 마음의 티끌을 닦아 내다 보면 진정한 가치를 경험하게 됩니다.

현생에서
행복하게 사는 법

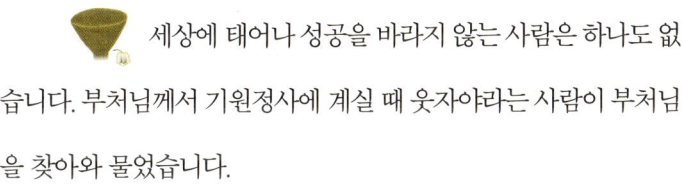 세상에 태어나 성공을 바라지 않는 사람은 하나도 없습니다. 부처님께서 기원정사에 계실 때 웃자야라는 사람이 부처님을 찾아와 물었습니다.

"제가 불자가 세상에 살면서 편안하고 행복하려면 어떻게 해야 합니까?"

부처님께서는 웃자야에게 네 가지 길을 말씀하셨습니다.

첫째, 자신의 직업에 최선을 다해야 합니다. 일을 시작했으면 끝을

맺고 중도에 쉬거나 그만두지 말아야 하지요. 일을 하다가 그만두는 버릇도 업이 된다는 점을 명심하십시오. 업이란 생활 태도에 관성이 붙어서 이 생만이 아니라 다음 생에서도 이어집니다. 일을 하다 보면 성취 과정에서 여러 가지 장애와 갈등이 생기기 일쑤입니다. 그것을 이겨 내지 못하면 무슨 일을 하든 중간에 그만두는 습이 생기고, 그 때문에 삶이 고전을 면치 못하는 악순환이 계속됩니다.

둘째, 재산을 잘 보호해야 합니다. 재산은 직접 일해서 얻은 정당한 것입니다. 도둑에게 빼앗기지 말고, 물이나 불에 잃지 말아야 합니다. 불시에 찾아오는 재앙으로부터 잘 지키고 보호해야 하지요. 불경에는 재산을 탕진하는 여섯 가지를 이르고 있습니다. 술에 빠지고, 도박에 빠지고, 절제하지 못하며 방탕하고, 기생 놀음에 눈이 어두워지고, 나쁜 친구를 사귀고, 게으름을 피우는 것이라고 했습니다. 이런 실수만 하지 않아도 쓸데없는 소모가 없어 재산이 모이지요.

셋째, 착한 친구를 사귀어야 합니다. 착한 친구는 법에 어긋나지 않고, 방탕하지 않고, 거만하지 않고, 음흉하지 않은 사람입니다. 좋은 친구를 사귀어야 걱정과 근심이 생기지 않습니다. 물론 자신도 친구에게 좋은 존재가 되어야 하지요.

넷째, 균형 있는 생활을 꾸려야 합니다. 수입과 지출은 저울눈이

균형을 이루듯 해야 하지요. 재산은 4등분하여 한 몫은 살림을 꾸리고, 한 몫은 사업에 쓰고, 한 몫은 저축하여 어려울 때를 대비하고, 마지막 한 몫은 어려운 사람을 돕는 데 써야 합니다. 재물이 없는데 물 쓰듯 뿌리면 씨앗 없는 화려한 꽃과 같습니다. 반대로 재산이 풍부하면서 쓰지 않으면 굶어 죽는 개와 같은 꼴이지요.

부처님께서는 위 네 가지 법을 성취하면 현세에서 편안하고 즐거우리라 하셨습니다. 법을 아는 지혜로운 사람은 이익과 손해를 잘 따져서 해야 할 일과 하지 않아야 할 일을 분별하여 행동합니다. 그러면 바다에 강물이 쉼 없이 모이듯 재물이 나날이 늘어납니다. 이익과 손해를 단지 물질적 차원에서만 따지면 안 됩니다. 물질과 정신의 입장에서 균형을 잡아야 하지요. 욕심이 눈을 가리면 해야 할 일은 하지 않고 하지 말아야 할 일에 집착하게 됩니다.

불경에서는 가장 성공한 부자를 스스로 입고 먹을 줄 알고, 처자식을 돌보는 데 충족하고, 부모를 잘 봉양하고, 가난한 이에게 은혜를 베푸는 사람이라고 했습니다. 자기 자신이 아니라 많은 사람들과 나누는 삶을 실천하는 사람입니다. 돈을 잘 벌고 높은 지위에 오르는 성공은 가장 낮은 단계의 성공입니다. 다른 사람을 위해 내가 무엇을 할 수 있을까를 성찰하는 사람의 성공이 보다 높은 단계의 성공입니다. 다른 사람도 성공하도록 이끌어야 나의 성공도 진정한 의미가 있지 않을까요?

산중 낙樂이라니

차茶 마시는 낙樂이라네.

차는 맑은 향 주고

시비是非 씻겨 주네.

세상 사는 중에

이런 일 저런 일 좋다 하나

푸른 바람 밝은 달빛 속

맑은 차 향기 한 모금에 못 미치네.

차를 마시며 맑은 천지가

내 안에 고인다네.

그러하니

여보게, 벗!

그대도 차를 마시게.

〈그대도 차를 마시게 - 원경〉

집은
작은 우주입니다 1

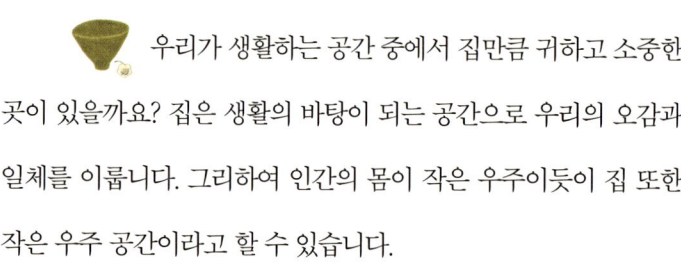 우리가 생활하는 공간 중에서 집만큼 귀하고 소중한 곳이 있을까요? 집은 생활의 바탕이 되는 공간으로 우리의 오감과 일체를 이룹니다. 그리하여 인간의 몸이 작은 우주이듯이 집 또한 작은 우주 공간이라고 할 수 있습니다.

첫째, 집에는 눈의 기능이 있습니다. 집은 빛이 잘 들어야 눈의 작용이 제대로 발휘됩니다. 전등을 밝게 켜고, 창도 시원하게 만들어야 하지요. 집을 지을 때 햇볕이 잘 들어오지 않게 하면 장님의 집이

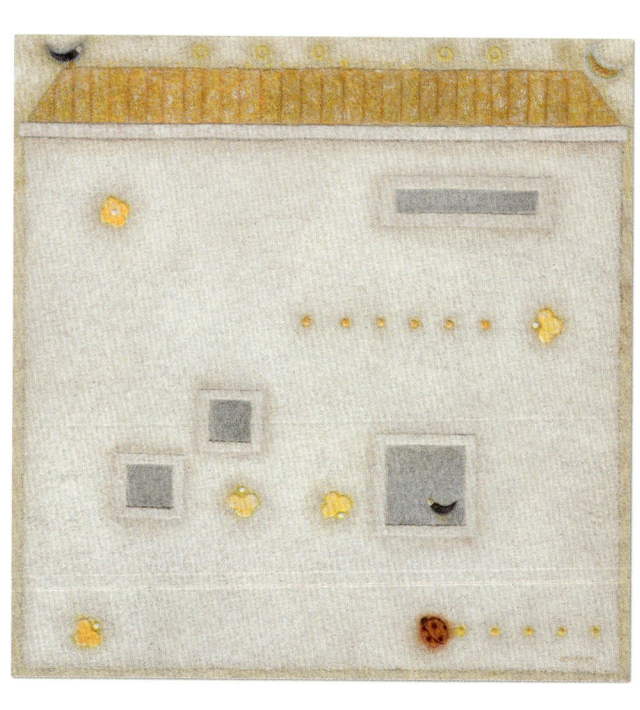

나 마찬가지입니다. 집의 가장 중요한 조건이 결여되지요.

둘째, 집에는 코의 기능이 있습니다. 코는 호흡을 하는 기관입니다. 집 역시 숨 쉬는 기능을 높이기 위해서는 통풍이 잘되어야 합니다. 아주 큰 집인데도 문이 너무 적어 통풍이 잘되지 않으면 숨을 잘 못 쉬는 사람 꼴이 되고 맙니다. 교도소를 보십시오. 아주 큰 건물에 문은 눈을 씻고 보아도 찾을 수가 없습니다. 문이 거의 없는 장소는 사람이 사는 건강한 장소가 되지 못합니다.

셋째, 집에는 입의 기능이 있습니다. 입은 땅이 주는 생명 에너지를 받아들이는 기관입니다. 눈과 코 못지않게 중요한 역할이지요. 집이 입의 작용을 잘하려면 공양간이 제 모습을 갖추고 있어야 합니다. 먼저 물을 쉽게 얻어야 하지요. 저의 수행처인 심곡암은 공양간 옆으로 시내가 흐르고 있습니다. 아주 자연스럽고 바람직한 모습이지요. 물을 쉽게 얻어야 청결한 음식, 건강하고 생기가 넘치는 요리를 할 수 있습니다.

넷째, 집에는 귀의 기능이 있습니다. 눈, 코, 입에서 멀리 떨어져 있는 귀의 기능은 듣기입니다. 잘 들어야 이해를 하고 이치를 깨닫습니다. 집도 막힘이 없어 누구의 소리도 잘 들려야 합니다. 요즘은 전화나 라디오, 초인종처럼 귀의 역할이 확장된 기계가 보급되어

물건은 쓰는 것이지, 모시는 것이 되어선 안 됩니다.
사람 사는 집과 전시장을 구분 못 하는 사람이 있습니다.
전시품이 생활 속에 들어와야 사람살이가 풍요롭습니다.
옷을 입든 그림을 감상하든
생활의 일부가 되어야 빛과 향기가 납니다.

귀의 역할을 증대시키고 있습니다. 무엇이든 귀의 기능이 제 역할을 하는 집이 좋은 집이라 하겠습니다.

다섯째, 집에는 촉각의 기능이 있습니다. 촉각의 기능은 아주 광범위합니다. 그중에서도 잠자리의 느낌이 아주 중요하지요. 침실을 깨끗하고 편안하게 만들어야 건강합니다. 화장실과 세탁을 하는 곳도 기능을 잘 발휘하게 만들어 좋은 느낌을 항상 받아야 합니다.

인간의 오감이 잘 발휘되는 집은 기운이 잘 운행하고 좋은 기운도 피어납니다. 기운이 막히는 집은 자연스럽게 좋은 운이 흐르지 못하지요. 경우에 따라서는 사는 형편이 어려워 제대로 집의 모양을 갖추지 못하기도 하지만, 대부분은 무심하거나 게을러서입니다. 언제나 자신의 생활 모습을 잘 살펴서 건강한 환경을 갖추시길 바랍니다.

집은 사람과 같다고 했습니다. 사람의 신체 기관 중에서 어느 하나라도 고장 나면 장애인이 됩니다. 마찬가지로 집도 어느 하나라도 제 기능을 못 하면 온전한 집이 될 수 없다는 점을 명심하시기 바랍니다.

집은
작은 우주입니다 2

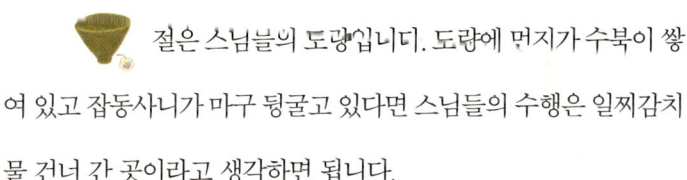 절은 스님들의 도량입니다. 도량에 먼지가 수북이 쌓여 있고 잡동사니가 마구 뒹굴고 있다면 스님들의 수행은 일찌감치 물 건너 간 곳이라고 생각하면 됩니다.

마찬가지입니다. 집은 여러분의 도량입니다. 매일매일 여러분의 몸과 마음을 깨끗하게 닦는 곳이죠. 이곳이 발 디딜 틈도 없이 어지럽혀 있다면 여러분 마음이 어지럽기 때문입니다. 집은 자신의 얼굴이라고 생각하십시오. 집이 정리되어 있지 않다면 여러분 마음이 그런

것이고, 집이 말끔하게 치워져 있다면 여러분 마음이 그런 것입니다.

집은 하루 동안 쌓인 스트레스와 마음의 때를 깨끗이 닦아 내는 곳이기도 합니다. 가족들이 하루 종일 학교나 직장에서 얻은 갈등과 미움 같은 감정의 찌꺼기들을 정리하는 공간이지요. 집에 산더미 같은 쓰레기들이 쌓여 있다면 마음을 닦아 내기는커녕 쓰레기에 대한 무거운 마음만 가중됩니다. 집은 항상 청결해야 하고, 따뜻하고 편안한 분위기를 내야 하는 것입니다. 청소는 수고스럽고 귀찮은 단순 잡일이 아니라 수행의 한 방법이라고 생각하십시오. 날마다 부지런히 청소를 함으로써 여러분의 더럽혀진 마음을 닦고 복잡한 마음을 정리하는 수행이지요.

책상에 서류 뭉치와 책들이 정신없이 쌓여 있다면 일을 언제 마칠지 걱정만 앞섭니다. 정리가 되어 있지 않아 어디부터 손을 대야 할지 앞이 깜깜할 수밖에요. 책은 나란히 책장에 꽂고, 서류는 한 장 한 장을 서류철에 정리하고, 필요 없는 것들은 과감히 쓰레기통에 버리다 보면 일의 순서가 생깁니다. 그때부터는 계획을 짜서 하나 하나 일을 처리하면 되겠지요.

방도 마찬가지입니다. 지저분한 방에서 생활하면 마음이 편하지 않습니다. 눈이 닿는 곳마다 여백의 공간이 없으면 마음에도 여

마음에 정돈이 있어야 하듯이
우리의 환경도 정돈이 되어 있어야 합니다.

생활 자재 도구들은
저마다 제자리가 있는 법
놓일 데 놓이고 얹힐 데 얹혀야 합니다.

이리저리 흘러가는 물결처럼 일상이 분주하다 보면
그만 자신의 주변이 어지러워지고
그러다 보면 게으름의 성정에 흘러
정돈된 자기 얼굴을 잃고 맙니다.

그래서 삶이란 각성이 필요한 거겠지요.

그런 좋은 성향이 문득 자신의 내면과 외면을 점검하고 살펴
비로소 제 모습을 찾아

연꽃 우에 앉아 있는
고요한 부처님처럼
흩어짐 없는 관음보살님처럼!

〈정리의 아름다움 - 원경〉

백이 생기지 않지요. 그만큼 여러 가지 생각이나 번민들이 마음에서 일어납니다. 눈에 보이는 물건마다 한 가지씩 생각을 일으킨다면 그 방은 번뇌로 휘둘리게 되는 어지러운 공간이나 다름없지요.

불편한 것은 그뿐만이 아닙니다. 물건들이 어디에 있는지 몰라 제때 물건을 찾지 못해 늘 허둥지둥 헤매게 되지요. 그만큼 마음이 분주해집니다. 늘 고요하고 평안한 마음을 가져야 정신이 맑아지는데, 마음이 쉴 수가 없어 정신줄을 놓치게 될 테고요.

스님들의 방을 떠올려 보시기 바랍니다. 스님들의 방에는 생활에 필요한 집기 몇 개만 있을 뿐 일체 불필요한 물건은 찾아볼 수 없습니다. 벽에도 옷이나 사진들이 정신없이 걸려 있지 않지요. 스님 방을 찾는 사람들에게 언제나 상쾌하고 말끔한 분위기를 줍니다.

여러분도 스님들의 방을 기억하며 청소를 하시기 바랍니다. 언젠가 쓰지 않을까 하여 쌓아 놓은 물건들은 여러분의 번뇌만 됩니다. 필요 없는 물건은 과감히 처분하시기 바랍니다. 물론 나에게 필요하지 않아도 다른 사람에게는 귀한 물건이 되기도 합니다. 기부를 하거나 재활용을 하면 좋겠습니다. 걸레로 방을 한 번 닦을 때마다 마음이 빛난다고 생각하시고 집 안 청소에 게으름이 없기를 바랍니다.

세 번째 이야기

마음공부

순간의 화는
오랜 공덕을 무너뜨립니다

사람들은 화를 내면 얼마나 건강에 안 좋은지는 알지만, 자신의 공덕도 깎인다는 점은 모르고 있습니다. 그래선지 심지어 자신이 화를 내고 있는지도 모른 채 습관처럼 화를 내기도 합니다. 많은 사람들이 전혀 중요하지 않은 일로 무심결에 화를 냄으로써 지금까지 쌓아 온 공덕을 와르르 무너뜨리고 있지요. 얼마나 안타까운 일인가요? 공덕은 쌓기는 어려워도 깎아 내는 것은 실로 한순간입니다.

화를 내면 고요함을 잃게 됩니다. 자기를 놓아 버리게 되지요. 자기를 놓아 버렸다는 말은 자신이 주인공으로 살지 못한다는 뜻입니다. 화가 나면 그것을 똑바로 지켜보는 수행을 해야 합니다. 이런 수행을 관법觀法이라고 하지요. 화가 나는 순간 '지금 화가 나고 있구나' 하며 관찰하는 방법입니다. 도둑이 대문을 들어서려는데 주인이 두 눈을 부릅뜨고 지키고 있으면 화들짝 놀라 도망가겠지요? 마찬가지로 자신을 각성하고 깨어 있으면 '화'라는 도둑이 들어오려다 줄행랑을 칩니다.

관법을 하면 내가 얼마나 화가 났는지도 알 수 있습니다. 그러면 참아지고 기다려지고 안정을 찾게 되지요. 그렇게 내공이 높아집니다. 화를 다스릴 줄 아는 지혜가 없으면 인생이 시끄럽습니다. 한번 화를 내면 그 화는 다시 더 큰 화를 부르고, 그러다 보면 나쁜 관성이 붙어 화의 노예로 살게 됩니다.

많은 사람들이 화를 내다 보면 사람들 사이에 고요함이 사라지고 표현도 거칠어집니다. 사회적으로 폭력의 습성이 만들어지고 불안 전해지지요. 화는 오늘날 전 세계가 안고 있는 가장 큰 문제 중 하나입니다. 민족과 민족 간에, 국가와 국가 간에, 종교와 종교 간에 극에 달한 화가 큰 전쟁까지 일으키고 있습니다.

흰 눈이 달려온다.
흰 벌떼처럼 저리 달려온다.

모습은 약해도
마음은 냉엄한 한기를 품고
미인의 전사들처럼
달려온다.

꽃 같이 던지는구나!
이 겨울의 설움을 위하여.

〈꽃의 전사 - 원경〉

깊은 나락에 빠진 갈등이 외부에서 벌이는 협상이나 중재로 모두 해결될 수 있을까요? 모두 마음에서 해답을 찾아야 합니다. 평화는 마음에서 시작하니까요. 마음에 증오가 도사리고 있으면 어떤 보상을 주어도 풀어지지 않습니다. 해결의 실마리로는 오직 마음의 평정을 찾는 수밖에 없습니다. 마음의 평정 속에서 남을 용서하고 이해하는 마음이 자연스럽게 생겨나는 것입니다.

다른 사람의 생각과 상황을 마음으로 인정하면 무엇보다 마음의 평온이 혜택으로 따라옵니다. 자신의 공덕도 실현하게 되고요. 이러나저러나 참고 견딜 줄 아는 인욕忍辱이라는 미덕이 무엇보다 소중한 시대입니다. 너와 나, 사회, 더 나아가 세계가 화를 알아차리고 인욕 속에서 화합한다면 피비린내 나는 전쟁도 이 땅에서 사라지게 되리라 믿습니다.

사실 이기심이 충족되지 않을 때 분노와 반목이 생기고, 급기야 서로를 위협하는 심각한 문제가 일어나지요. 모두 탐욕을 버리지 못하는 마음에서 온 것입니다. 종교와 국가, 이념을 초월하여 서로 조화롭게 살아가는 성숙한 수행의 문화가 확산된다면 세계가 건전하게 진화할 것입니다. 그렇게 사회적 착한 업이 평온한 역사의 유전을 이어 가고요. 평온 속에 영원을 향하여!

가피는 공덕 따라 옵니다

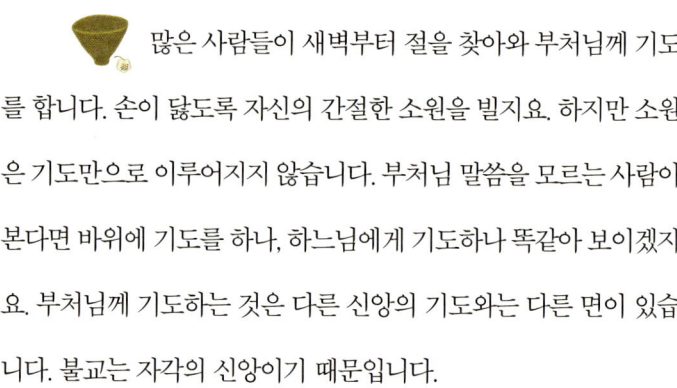 많은 사람들이 새벽부터 절을 찾아와 부처님께 기도를 합니다. 손이 닳도록 자신의 간절한 소원을 빌지요. 하지만 소원은 기도만으로 이루어지지 않습니다. 부처님 말씀을 모르는 사람이 본다면 바위에 기도를 하나, 하느님에게 기도하나 똑같아 보이겠지요. 부처님께 기도하는 것은 다른 신앙의 기도와는 다른 면이 있습니다. 불교는 자각의 신앙이기 때문입니다.

불교의 궁극적인 목적은 깨달음에 있습니다. 깨달음의 가르침을

근본으로 여기는 종교여서 일찍이 도를 얻은 분들을 존중하는 것을 가장 중요하게 여기지요. 그래서 부처님을 모시고 신앙의 대상으로 삼습니다. 엄밀히 따지면 불상은 깨달음의 표상에 불과하지요. 달을 가리키는 손이 아니라 달을 보아야 하듯이, 불상이 아니라 표상 속의 깨달음을 신앙하는 것이 바른 신행입니다. 다시 말해 부처님의 거룩한 삶과 가르침을 우리 삶의 가치로 삼아야 합니다.

부처님을 존중하고 모시면 가르침의 공덕이 우리들 삶 속에 쌓입니다. 그런 삶을 살다 보면 우리네 삶이 밝고 지혜로워집니다. 불보살님의 은혜를 입는 가피加被입니다. 법의 가피이지요. 법을 스스로 깨달아 누리니 자력가피自力加被라고 할 수 있습니다.

부처님의 법을 이미 구현하신 여러 불보살님의 대자대비심大慈大悲心으로 구제심救濟心을 입을 수도 있습니다. 그것을 타력가피他力加被라고 합니다. 물가에서 어린아이가 혼자 놀고 있어 보여도 위험한 일이 벌어지면 어느 순간 부모가 쏜살같이 달려옵니다. 마찬가지로 법을 닦아 가는 수행자는 결정적인 순간에 반드시 불보살님의 보살핌을 받게 됩니다. 수행자가 어긋난 길로 빠지지 않도록 가피를 내려 주시지요.

한용운 스님이 만주에서 독립운동을 하다 가피를 받은 일화는 아주 유명합니다. 스님은 자신의 목숨은 안중에도 없이 나라와 민족을 위해 독립운동에 몸을 바쳤습니다. 한번은 마적단의 총에 맞아 쓰러져 정신을 잃고 말았다고 합니다. 총상이 깊어 사경을 헤매자 흰 옷을 입으신 관음보살님이 나타나 흰 꽃을 안겨 주시며 '어서 일어나라!' 하셨다고 합니다. 그 소리에 깨어나 급히 몸을 숨겨 목숨을 건졌다는 이야기입니다.

무엇보다도 깨달음을 중시하신 분이자 당대 최고 선승이셨던 한용운 스님도 타력가피를 체험하셨습니다. 물론 불교는 자기 안의 도를 깨닫는 종교이지만, 원력 보살님들의 보호를 받기도 합니다. 우리가 살아가면서 훌륭한 스승을 만나면 자신의 능력이 커지기도 하고 후광을 받기도 합니다. 불보살님의 가피도 이와 같습니다.

가피만 바라고 기도를 하면 아무 소용이 없습니다. 스스로 바른 원력을 가지고 노력하면서 기도를 해야 가피의 도움을 받아 이루어지지요. 매일 가피 타령만 하고 노력을 기울이지 않는다면 바른 기도가 아닙니다. 가피는 스스로 노력하는 자를 돕는다는 말이 있습니다. 우리들의 수행 공덕에 따라 오는 것임을 항상 잊지 마십시오.

그대

나의 이 달빛에 얼룩진 그리움을

펼쳐 보소서.

때론 소녀같이 홀로 울고

때론 애기 늑대같이 울부짖던 갈망을

들으소서.

그대 없는 비인 산 녘의 바람 소리 들으며

몇 밤을 몇 밤을, 새고 새고

눈이 어두워 보지 못하는 이 몸

단 한 번만이라도 온전한 미소로

나의 영혼을 쓰다듬어 주소서.

〈기도 - 원경〉

화두를 붙잡고 부처님 나라로

 화두話頭란 자의적字意的으로는 '말머리'란 뜻으로, 공부하는 이가 반드시 깨쳐서 풀어내야 할 문제 중에 으뜸을 말합니다. 으뜸가는 문제이다 보니 화두를 해결하고 나면 삶의 다른 문제들이 절로 다 해결되지요.

예를 들면 '이 뭣꼬?'라는 화두가 있습니다. 한자로 '시심마是甚麼?'라고 하며, '이 몸의 주인인 이것이 무엇인고?' 하는 질문입니다. 이러한 유형의 문제들이 무려 1,700가지나 되는데, 선지식을 찾아가

그중 한 가지를 받아 들게 됩니다.

화두를 끊임없이 의심하다 보면 의심 덩어리, 즉 의단疑團이 이루어집니다. 이렇게 되는 것을 의정삼매疑情三昧라고 하지요. 밤이 익으면 스스로 터져 나오듯이 의정이 무르익으면 깨달음이 멀지 않았다고 할 수 있습니다.

이때 화두를 드는 수행자는 사량분별思量分別을 가장 경계해야 합니다. 알음알이 식견으로 질문의 답을 알아맞히려는 것이지요. 오직 고양이가 쥐를 잡듯이, 닭이 알을 품듯이, 어린아이가 어머니 품에 매달리듯이 온 마음으로 간절하게 집중해 화두 삼매에 들어야 합니다. 그리하여 끝내는 화두를 타파하여 깨달아야 합니다.

화두 수행에는 크게 지止와 관觀이 있습니다. 양 날개와 같이 함께 이루어져야 하지요. '지'란 망상이 그친다는 뜻으로, 화두에 집중하여 삼매에 들어감을 말합니다. '관'이란 고요히 삼매에 들어 비로소 모든 실상을 잘 비추어 본다는 의미이고요. 부처님께서 해인海印 삼매에 들어 팔만 사천 법문을 하셨다는 의미도 같은 맥락입니다. '해인'이란 바다에 도장을 찍듯 번뇌의 파도가 그쳤다는 뜻입니다. 마음이 명경지수明鏡止水, 즉 맑은 거울과 조용한 물과 같이 되어 삼라만상을 환하게 비추어 보셨다는 것이지요.

바다가 고요해짐은 '지', 고요해진 바다에 도장을 찍듯 비추어 봄은 '관'. 다시 말해 지혜를 얻는 것입니다. 부처님께서 우주 법계를 훤히 들여다보신 비밀이 여기에 있습니다. 이처럼 밝음과 고요함은 바다만큼이나 큽니다.

미혹한 채로 백 년을 살아서 뭐하겠습니까? 하루를 살아도 고요하고 밝게 살아야 진정한 삶입니다. 어디에도 집착하지 않고 생각이 번뇌를 여의면 뚜렷하고 고요한 성성적적惺惺寂寂 가운데 우주가 숨 쉬는 소리도 들을 수 있습니다.

여러분도 체험해 보시기 바랍니다. 마음이 고요해지면 보이지 않던 것이 문득 명징하게 보입니다. 막 흔들리던 마음이 잔잔해지면서 어느 순간 마음 안에서 하늘이 보이고, 우주가 무한대로 펼쳐집니다. 고요힘이 지극해지면 밝아지고, 밝아지면 깨달음을 얻게 됩니다. 우리 모두가 서로를 격려하며 부처님 말씀을 삶의 중심에 두는 삶을 살아가야 세상이 진정 평안하고 아름다워질 것입니다.

푸른 산자락

나의 옷깃

향기로운 바람결

나의 숨결

신선의 호흡

따로 배울 것 없어

바람이 달아서

더욱 깊어지는 호흡

그 누구의 그리움보다도

더 깊은 애정으로

산 품을 떠날 수 없는 천성

산은 늘 말없이도

노래를 주고, 향기를 주고, 마음을 주고

그런 산이 좋아

산에 산다.

〈산품 - 원경〉

신발을
머리에 이다

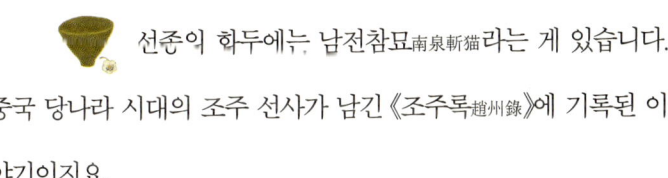 선종의 화두에는 남전참묘南泉斬猫라는 게 있습니다. 중국 당나라 시대의 조주 선사가 남긴 《조주록趙州錄》에 기록된 이야기이지요.

사찰의 동쪽에서 수행하는 스님과 서쪽에서 수행하는 스님들이 고양이 한 마리를 가지고 싸움이 붙었습니다.

"동당東堂 고양이다!"

"아니다. 서당西堂 고양이다."

스님들은 서로 자기네 고양이라며 옥신각신하였습니다. 시비가 좀처럼 그치지 않자 남전 큰스님이 모두를 한자리로 불렀습니다.

"수행자들이여, 지금까지 수행한 바를 한마디로 말해 보아라. 옳게 말하면 고양이를 살릴 것이요, 그릇되게 말하면 죽일 것이다."

물음에 아무도 대답을 못 하자 남전 스님은 그 자리에서 고양이의 목을 쳐 죽였습니다. 얼마 후 출타했던 제자 조주 스님이 돌아오자 남전 스님이 조금 전에 있었던 일을 이야기했습니다. 남전 스님이 조주 스님에게 물었습니다.

"그대라면 그 상황에서 무어라 답하였겠는가?"

그러자 조주 스님은 신발을 머리에 이고 아무 말 없이 밖으로 나갔습니다. 남전 스님은 그를 지켜보며 혼잣말을 했습니다.

"조주가 그 자리에 있었더라면 고양이는 죽지 않았을 텐데……."

조주 스님은 어찌하여 신발을 머리에 이고 나갔을까요? 조주 스님은 이미 모든 집착에서 벗어났기에 그렇게 할 수 있었습니다.

우리는 모자는 머리에 쓰고 신발은 발에 신어야 한다는 집착에 얽매여 있습니다. 결코 신발을 머리에 이는 일은 상상도 하지 못하지요. 하물며 내 것이라고 생각한 물건에 대한 집착은 어떻습니까? 천지가 개벽을 하여도 절대 남에게 내줄 생각을 하지 않지요. 조그

마한 자기 물건을 지키려고 정작 자신이 얼마나 중요한 것을 잃고 있는지 알아차리지 못한 채 말입니다.

우리는 아주 사소한 일로 큰일을 그르치는 어리석음을 자주 범하곤 합니다. 근본과 본질을 잃어버렸기 때문입니다. 남전 스님은 그런 어리석음을 일순간에 불식시키기 위해 지혜의 검을 드셨던 겁니다. 고양이 목을 쳐 죽이는 살생을 하였지만 진리를 살리는 도리를 지켰고, 무모하고 소모적인 다툼의 화근을 잠재워 무엇이 진정 중요한가를 일깨워 주셨지요.

작은 일로 큰일을 그르치는 어리석음을 범하는 중생들에게 부처님께서 또 다른 설법을 남기셨습니다. 당시 콜리 족과 석가 족은 로히니 강을 사이에 두고 농사를 지으며 평화롭게 살고 있었습니다. 문제는 가뭄이 들면서 시작되었습니다. 두 종족은 서로 먼저 논에 물을 대려고 싸움을 벌였습니다. 작은 싸움은 곧 전쟁이 되어 소중한 사람들이 다치거나 죽어 나가게 됐습니다. 물 때문에 일어난 싸움이 사람을 다치게 했지요. 부처님께서 소식을 들으시고 그들을 향해 갔습니다.

"사람이 중한가요, 물이 더 중한가요?"

사람들은 서서히 자신의 집착에 부끄러운 마음을 가지게 되었지요. 결국 격한 마음을 잠재워 싸움을 그쳤습니다.

모든 집착을 버리고 마음속 깊은 곳에 있는 부처의 목소리에 귀를 기울이시기 바랍니다. 자신을 성찰하는 성숙한 인간으로 거듭나기 위해 본래의 나를 되찾고 마음의 평화를 얻는 공부를 지금 시작하십시오. 멀리 달아나 있는 본심을 제자리에 되돌려 놓으시길 바랍니다.

올 것은 오고, 갈 것은 가리라.
꽃 피는 봄은 굳이 부르지 않아도
때 되면 절로 찾아오는 것처럼
잎 지는 가실은 굳이 보내지 아니하여도
겨울을 향해 떠나는 것처럼
올 것은 오고, 갈 것은 가리로다.

오실 이는 오고, 가실 이는 가시리라.
나 홀로 여기 서 있음에
불어오는 바람 스스로 불어오고
떠나는 바람 스스로 떠나가듯
때가 되면
오실 이는 오고, 가실 이는 갈 것이로다.

〈오실 이, 가실 이 - 원경〉

고통이
부처를 만든다

하세상 고통 속에서 살다 가고 싶은 사람이 어디 있겠습니까? 그래도 우리네 인생살이에는 좋은 일만 찾아오지 않습니다. 맑은 날이 있으면 궂은 날도 반드시 있지요. 어찌 보면 힘들고 나쁜 일이 더 자주 찾아오기도 합니다. 그럴 때마다 우리는 천국에서 지옥으로 떨어지는 고통을 겪습니다.

우리가 겪는 고통의 얼굴은 하나가 아닙니다. 두 개의 얼굴이 있습니다. 우리에게 아픔을 주는 얼굴이 하나요, 고통을 이겨 내면 우리에게 한없이 편안한 마음을 주는 얼굴이 또 하나입니다. 우리가 처한 고통을 묵묵히 견뎌 내면 마음이 더욱 맑아지고 깨끗해지는 것을 느낄 수 있으니까요. 고통은 우리의 생각을 트레이닝하는 스승입니다.

더불어 고통을 겪지 않고는 인내를 배울 수 없습니다. 고통의 시간을 견뎌 낼 때 남을 이해하고 배려하는 이타심도 생기지요. 삶이 늘 안정적이고 순탄한 사람들은 단 한 번의 역경에 곧바로 무너지곤 합니다. 반대로 많은 역경을 겪은 사람들은 삶을 관조하는 지혜를 갖게 됩니다. 절체절명의 순간을 벗어나려는 노력을 기울이면서 절절하게 진실과 직면해 보았기 때문입니다. 역경이 아니었다면 어디에서 그 귀한 가르침을 받을까요?

부처가 되기까지는 육도만행六度滿行을 해야 한다고 합니다. 만행을 하면 보리심菩提心이 생깁니다. 세상에 나고 죽음에 집착을 하지 않게 됩니다. 한생을 살면서 욕심으로 말미암아 낭패도 겪고, 지혜롭지 못해 어리석음을 겪기도 하면서 사람 노릇도 하고 부처 노릇도 하다 마침내 인생의 이치에 밝아지기 때문이지요. 수련자들은 자신을 단련하기 위해 험난한 가시밭길을 일부러 선택하기도 합니다. 자신을 극한의 상황에 몰아넣고 안에서 어떤 마음의 변화가 일어나는지 지켜보는 것이지요.

오늘 어려움이 찾아온다 하여도 부처님을 원망하거나 두려워하지 마십시오. 피하려고 기를 쓰지도 마십시오. 사람의 삶에 어찌 좋은 일만 있겠습니까? 그동안 다른 사람을 대하는 데 교만하지 않았는지 살펴보시기 바랍니다. 이 시간이 지나면 보다 총명한 인간으로 다시 태어난다는 점을 굳게 믿으십시오. 어려움을 이겨 내는 슬기로운 방법입니다.

어려운 일을 당했다고 좌절하지 않아야 하듯이 행복한 일이 일어났다고 흥분하지 말아야 합니다. 고통이 수련의 방법이며, 기쁨과 행복도 수련의 방법이어야 합니다. 기쁨을 향유하느라 나를 살피지 않는다면 집착만 강해집니다. 고통과 기쁨도 모두 스쳐 가는 일들입니다.

기원전 2,000경 알렉산더 대왕은 세계 정복에 나서기 전에 현자 디오게네스에게 물었습니다.

"내가 슬플 때나 기쁠 때나 항상 평정심을 가질 수 있도록 가르침을 주십시오."

현자는 잠시 생각한 뒤 한 문장을 내려 주었습니다.

"이 또한 지나가리라!"

알렉산더 대왕은 전쟁에 승리해도 흥분하지 않았고, 전쟁에서 패

배한 뒤에도 좌절하지 않았습니다. 모든 것은 바람 따라 지나갈 일들이었으니까요.

그렇습니다. 즐거움도 괴로움도 모두 잠시 인연 따라 왔을 뿐입니다. 그러니 우리 인생에서 흥분할 일도, 슬퍼할 일도 하나 없습니다. 모든 일들은 수행 공부를 위함입니다. 무상한 현상에 속아서 마음을 팔지 마시기 바랍니다. 늘 여여하시옵길!

때로는 내가 까닭 없이 두려운 마음이 들거나

불안한 마음이 드는 것을 생각해 보면

다 이유가 있음을 알게 된다.

집착,

고통.

마음 거울에
때가 끼지 않았나요?

 '마음은 허공에 그림을 그리는 화가와 같아서 모든 세간을 그려 내나니.'

《화엄경》에 나오는 글입니다. 불교에서는 본래 마음자리를 거울에 비유하곤 합니다. 마음의 참된 자성을 맑은 거울에 비유해서 심경心鏡이니, 원경圓鏡이니 하지요.

거울은 무엇이든 그대로 받아들여 보여 주는 물건입니다. 원래

의 모습에 무언가를 더하거나 빼지 않고 그대로 비추어 주지요. 있는 그대로, 받아들인 그대로 보여 줍니다. 만약 거울에 먼지가 쌓이면 이내 거짓말을 하기 시작합니다. 실제와 다른 엉뚱한 모습을 보여 주기도 하지요. 심지어 먼지가 두텁게 끼면 아무것도 비추지 못하는 지경에 이릅니다.

거울의 속성은 무심한 우리의 마음과 같습니다. 그래서 거울을 보고 본래면목本來面目이라고 합니다. 그럼 거울에 낀 지저분한 먼지는 무엇일까요? 바로 우리의 무명망상無明妄想입니다. 육조 혜능 스님은 말씀하셨습니다.

"마음 거울에는 본래 한 물건도 없으니, 어디에 티끌이 있느냐."

스님은 거울을 보고 마음은 본래 청정해서 티 하나 없는 무일물無一物인 진리를 깨달으셨던 거지요.

우리의 마음을 잘 들여다보십시오. 먼지가 뽀얗게 앉아 세상을 그대로 받아들이지 못하고 있습니다. 심지어 진리라고 생각하고 있지요. 모든 망상을 버린다는 것은 먼지를 모두 닦아 낸다는 의미입니다. 거울에 낀 먼지를 닦아 환한 거울이 드러나게 해야 하지요. 맑고 밝은 거울에 모든 것을 투명하게 비추게 말이에요. 이것이 무명망상으로부터 벗어난 해탈입니다. 우리가 망상의 때를 벗겨 내지 못하는 이유는 본래 마음이 맑은 거울과 같음을 깨닫지 못하는 미망 때문입니다.

    우리의 삶 자체를 수행으로 전환하는 자세가 필요합니다. 좋은 일이나 궂은일이나 모두 깨달음의 과정이라고 생각하십시오. 부처님께 모든 것을 맡기고 일어나는 그대로 비추어 보면 됩니다. 이제 때 묻지 않은 본래 깨끗한 거울을 찾으셔야죠.

분분히 날리던

낙엽 걷이도 다 끝나고

경복궁 돌담길은

초겨울 잔 눈비에 씻은 듯 깨끗하여

잿빛 고요가 깃들었습니다.

우수를 자아내는 자연의 회화!

안겨 드는 침묵을 깔고 앉아

깊은 경經의 말씀을 읽노라면

이 초겨울 날씨는

깊고도 긴 안온의 시간이 되는 것입니다.

〈초겨울 - 원경〉

마음이
흔들리는 것이니라

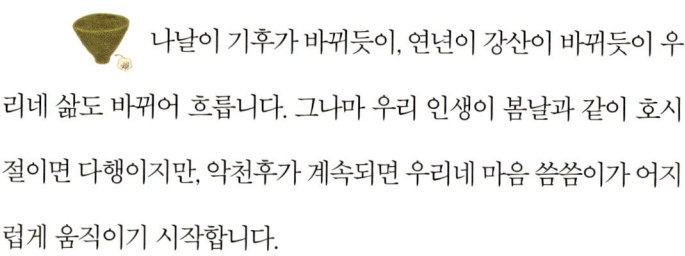나날이 기후가 바뀌듯이, 연년이 강산이 바뀌듯이 우리네 삶도 바뀌어 흐릅니다. 그나마 우리 인생이 봄날과 같이 호시절이면 다행이지만, 악천후가 계속되면 우리네 마음 씀씀이가 어지럽게 움직이기 시작합니다.

보조 지눌 스님은 《수심결修心訣》에서 이렇게 말씀하셨습니다.

'망상이 일어남을 두려워 말고

알아차림이 더딜까 두려워하라.

망상이 일어나면 곧 알아채라.

알아채면 없느니라.'

'알아차림'은 모든 수행자들이 반드시 지녀야 할 덕목이자 수행법입니다. 어떤 힘든 상황이 찾아와도 조심스럽게 다독이며 온전히 깨어 있어야 합니다. 인욕의 마음으로 순간순간을 알아차리는 지혜로 견딘다면 우리네 심성은 덕성으로 조금씩 성장할 것입니다.

마음을 다스리지 못하고 이성을 잃으면 모든 게 지나간 뒤에도 마음에 상처와 후유증만 남게 됩니다. 자신을 늪에 빠뜨리는 자괴감을 만들지요. 또한 이성을 잃는 습에 관성이 붙어 다른 문제가 생겼을 때도 지혜롭게 풀지 못하는 악순환이 계속될 테고요. 마음의 업은 그대로 얼굴에 드러나 여러분의 모습이 됩니다. 우리가 매 순간 깨어 있어야 하는 이유가 여기에 있습니다. 우리의 망상심에 경종을 울리는 유명한 이야기가 있습니다.

제1조 달마 대사로부터 시작된 중국 선종의 6조 혜능 선사는 한밤중에 5조 홍인 스님에게 가사와 발우를 전해 받았습니다. 스승의 후계자로 낙점되었다는 의미이지요. 혜능 선사는 급히 황매산을 떠

나 남쪽 지방으로 길을 떠났습니다. 그가 후계자가 되자 시기를 일으켜 뒤쫓던 무리들을 따돌리며 떠돌던 어느 날 혜능 선사는 광동성의 법성사에 이릅니다.

마침 바람이 불어서 깃발이 날리고 있었습니다. 한 승려가 말했습니다.

"깃발이 움직이는구나!"

그러자 다른 승려가 응수했습니다.

"바람이 움직이는구나!"

둘은 물러섬 없이 옥신각신 다투었지요. 둘을 보고 육조 혜능 선사는 말씀하였습니다.

"바람이 움직이는 것도 아니요, 깃발이 움직이는 것도 아니다. 다만 그대들의 마음이 움직일 뿐이다."

혜능 선사는 스님들에게 흔들리는 마음을 경계하라는 가르침을 주신 것입니다. 마음에는 본래 움직임과 움직이지 않음이 없다고 말씀하셨지요. 늘 깨어 있으면 움직이는 깃발에 마음이 가지 않습니다. 승려들은 깜짝 놀라 혜능 선사에게 큰절을 올렸다고 합니다.

우리는 평생 망상심에 의해 흔들리며 살고 있습니다. 조금만 힘들어도 울고불고 야단법석을 떨고, 조금만 즐거워도 웃음이 그치지 않습니다. 마음의 뿌리가 깊고 견고하지 않아서입니다. 언제나 그 자리에서 고요하고 당당하게 서 있으려면 마음 단속이 먼저입니다. 설사 마음이 일었다 해도 알아차림을 게을리하지 마십시오. 마음을 맑게 닦아 언제나 진리를 관하고, 마음의 뿌리를 더욱 깊게 내리시기 바랍니다.

그대가 오신다니

솔바람이 술렁댑니다.

방을 말끔히 닦고

향을 태우고

다구를 정돈한 후

새 물을 길어 찻물을 끓입니다.

이 정갈한 자리에

꽃같이 오셔서

온전한 향기를 담으실 수 있도록

나의 마음은 미리부터

당신이 앉으실 자리를 펴옵니다.

나의 마음자리로

당신이 앉으실 자리를 펴옵니다.

〈손맞이 茶客 - 원경〉

마음 때문에 병이 든다 1

현대인에게 가장 큰 걱정거리는 아마도 건강일 것입니다. 우리는 왜 건강을 잃을까요? 불교에서는 사람의 일곱 가지 감정이 건강을 상하게 한다고 가르치고 있습니다. 칠정七情이 내장 기관에 영향을 주어 질병을 발생시킨다고요. 어떤 질병이 있는지 살펴보겠습니다.

첫째는 위장병입니다. 우리는 마음이 괴로울 때 '아이, 속상해!'라고 말합니다. 속상하다는 말은 배 속이 상한다는 표현입니다. 속상한 일이 생기면 소화가 안 되고 위장병이 생기지요.

둘째는 간장병입니다. 마음이 조마조마할 때 '애간장이 탄다!'고 하는데, 애간장은 간을 가리킵니다. 극심한 스트레스를 받으면 간이 상하는데, 괴로운 마음에 술이라도 심하게 마시게 되면 더욱 간장병에 걸리기 쉽습니다.

셋째는 심장병입니다. 마음에 분통이 터져서 폭발 직전에 '울화통이 터진다!'라고 합니다. 몸의 화통, 즉 불처럼 뜨거운 심장이 터진다는 표현이지요. 화를 자주 내면 심장에 좋지 않고, 심장 마비가 오기 쉽습니다.

넷째, 신장병과 방광병입니다. 마음이 무섭고 긴장이 되면 '오금이 저린다!'라고 하는데, 오금이란 무릎 뒤쪽을 가리킵니다. 신장과 방광이 풀어져 제 기능을 못 하면 오금이 저리지요. 크게 충격을 받으면 오금에 힘이 빠져 주저앉거나, 오줌을 싸는 경우가 생기기도 합니다. 모두 신장의 기능이 상실된 증후입니다.

다섯째, 폐병입니다. 마음이 슬프면 폐가 상하기 쉽다고 합니다. 폐는 공기를 흡입하는 곳으로, 몸에서 공기가 머무는 허공의 역할을 합니다. 허공이 오염되면 하늘 역할을 못 하듯이 폐가 상하면 다른 모든 장기가 제 역할을 못 하게 됩니다.

건강을 지키는 첫 번째 비결은 마음을 편안하게 하는 것입니다. 인류의 가장 큰 잘못은 자연적인 삶을 버린 것인지도 모르겠습니다. 자연에 순응하는 삶이 아닌 인간의 계획에 따라 살면서 마음이 분주해지고 질병이 많아지지 않았습니까?

그렇다고 도시 생활에 익숙해진 현대인들에게 모두 자연으로 돌아가 심플한 생활을 하라는 요구는 무리입니다. 다만 자연의 순환을 존중하는 소양을 갖는 정도는 가능합니다. 아무리 작은 공간이라도 난초 같은 화초를 기르는 정성이라면 바쁜 일상 속에서도 여유를 잃지 않는 마음을 찾을 것입니다.

'바쁜 가운데 한가로운 소식을 알면 忙中閑消息,

불꽃 속에서 연꽃이 피는 것과 같다 火中生蓮花,'

옛 시의 한 구절이 마음을 울립니다. 마음에 공간이 있어야 비로소 영혼도 숨을 쉬게 됩니다.

나의 가을은

울타리조차 없이

숭숭 가슴에 바람 드는 가을이 아닌

바람 숨결 쉰

햇살 다순 오후의 가을이길 원하옵니다.

가을은 칼날 아닌 칼날로써

가슴을 헤집어 파고

얼음 아닌 냉기로써

가슴에 싸늘한 멍을 남깁니다.

가슴에 눈을 띄운 후

더 이상 대면하고 싶지 않은

냉엄의 얼굴!

그런 가을이

가만가만 바람결이라 해도

나는 두렵습니다.

나의 계절에선!

〈나의 가을 - 원경〉

마음 때문에
병이 든다 2

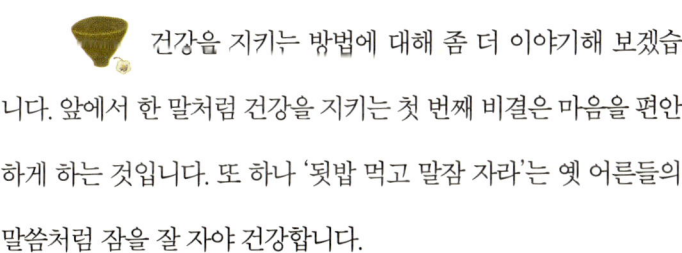 건강을 지키는 방법에 대해 좀 더 이야기해 보겠습니다. 앞에서 한 말처럼 건강을 지키는 첫 번째 비결은 마음을 편안하게 하는 것입니다. 또 하나 '뒷밥 먹고 말잠 자라'는 옛 어른들의 말씀처럼 잠을 잘 자야 건강합니다.

잠을 잘 자려면 밤에 집이 어두워야 합니다. 사람의 장기나 세포들은 어두워야 쉴 수 있다고 합니다. 어둠은 탄생의 시간이지요. 모든 생명이 어둠 속에서 탄생하지 않던가요? 씨앗은 어두운 땅속에서

발아되고, 아기는 엄마의 깊은 배 속에서 잉태됩니다. 모두 어둠 속에서 새로운 에너지를 얻습니다. 칠월 칠석에 북두칠성에게 무병장수를 비는 이유도 북쪽에서 가장 어두운 곳이기 때문입니다. 북두칠성은 생명의 탄생뿐 아니라 생명을 상징하는 별자리이기도 합니다.

현대인의 삶에 전등이 들어오면서 암 환자가 늘었다는 이론이 제기되고 있습니다. 세포나 장기들은 어둠 속에서 휴식을 취해야 하는데, 전등이 밝게 켜져 재충전을 못 해 과부하가 걸려 암이 생긴다는 주장이지요. 밤에는 모든 불을 끄고 일찍 잠자리에 드는 습관을 들여 건강을 지키기 바랍니다.

잠과 함께 중요한 것은 식이 요법입니다. 음식 섭취는 땅의 기운을 잘 흡수하는 방법입니다. 부처님께서도 하루에 쌀 한 톨로 수행하시다가 올바른 수행법이 아니라고 깨달으시고는 수자타라는 여인이 공양한 우유죽을 드셨습니다. 그 힘으로 수행에 힘써 성불하셨지요.

땅의 기운을 잘 섭취하기 위해서는 제철 음식을 골고루 먹어야 합니다. 봄에는 봄의 향취가 나는 나물을 먹어야 기를 받습니다. 여름에는 과일, 가을에는 뿌리, 겨울에는 해산물이지요.

다음은 운동 요법입니다. 몸을 자주 움직여야 건강을 지킵니다. 부처님께서도 49년 동안 걸어서 인도 전역을 순방하며 불법을 전

하셨습니다. 운동 중에 걷기보다 좋은 운동은 없다고 합니다. '도道'는 '길'이라는 뜻을 가지고 있습니다. 그래서일까요? 산책이나 포행을 하다 보면 마음이 편해지고 맑게 열리는 것을 느끼게 됩니다.

평소 말씨가 느리고 어눌했던 스님이 계셨습니다. 스님은 스스로 답답한 마음이 들어 부산에서 서울까지 걸어오는 만행을 실천하셨습니다. 그 길에서 끊임없이 자기 성찰을 하신 스님은 마침내 말을 아주 잘하는 신통력인 설통舌通을 얻어 유명한 법사 스님이 되셨습니다.

헬스장에서 하는 육체 운동은 기계적인 운동에 지나지 않습니다. 물론 현대인의 생활에 요긴한 일이긴 하지요. 그보다 좋은 운동이 있습니다. 108배를 하거나 명상을 하며 걷다 보면 몸과 마음이 동시에 조화로워집니다. 모두 자신에게 맞는 심신 운동법을 찾아보시기 바랍니다.

계절이 오지 않아도

내 안에 피는 꽃

그리움의 바람결에

내 안에 피어나는 설레임의 꽃

이다지 추운

백설의 밤에도

냉혹한 바람살을 이기듯

터져 나는 짙은 향기

혼자 피었다가

눈 속에 묻히는 꽃일지라도

이내 퍼져 피어나는

꽃의 망울

〈그리움의 꽃 - 원경〉

마음 때문에
병이 든다 3

땅의 기운을 잘 먹어야 건강하다고 했습니다. 땅의 기운 못지않게 중요한 것은 하늘의 기운입니다. 하늘의 기운은 코를 통해서 공기, 즉 하늘 에너지를 먹어 얻습니다. 사람은 부모의 사랑으로 만들어졌지만, 천지의 기운으로 삽니다. 땅 기운을 먹는 음식만 챙기지 말고 하늘 기운을 먹는 호흡에도 주의를 기울이시기 바랍니다.

호흡은 생명과 가장 밀접한 관계가 있는 생리 작용입니다. 음식은 며칠을 굶어도 살지만, 숨은 몇 분만 쉬지 못하면 죽음을 맞게 됩니다. 어느 날 부처님께서 한 제자에게 물었습니다.

"사람 목숨이 얼마 사이에 있다고 생각하느냐?"

제자가 대답했습니다.

"며칠 안에 있습니다."

"너는 아직 도를 모른다. 사람의 목숨이란 한 호흡 사이에 있느니라."

우리는 숨을 들이마셨다가 내쉬지 못하면 죽습니다. 숨을 내쉬고 다시 들이마시지 못해도 죽습니다. 그와 같으니 목숨이 한 호흡 사이에 있다는 말이 적합한 표현이지요. 부처님께서는 제자에게 조존석망朝存夕亡이라는 인생무상의 가르침과 함께 생명이 호흡과 불가분의 관계에 있음을 깨닫게 하려고 하셨습니다.

호흡을 잘 다스려야 마음이 편안하고 건강해집니다. 반대로 호흡이 거칠면 마음이 불안하고 몸도 불편해집니다. 여러분도 한 번쯤 마음이 초조하고 불안해져서 숨이 제대로 들어오지 않았던 경험을 하셨겠지요. 이때는 머리도 지끈지끈 아파 옵니다. 두뇌가 우리 신체 중에서 산소를 가장 많이 소모합니다. 극도의 스트레스를 받아 숨이 짧아지면 산소 공급량이 줄어 머리도 같이 아프게 됩니다. 따라서 마음을 편안히 하고 길고 느긋하게 호흡해야 합니다.

불교에서는 호흡에 집중하는 수식관數息觀 수행을 기본으로 합니다. 호흡과 마음이 둘이 아니기 때문입니다. 수식관 수행은 정신을 고도로 집중시키는 효과와 함께 몸을 건강하게도 만듭니다. 복식 호흡과 같은 효과를 얻지요.

횡격막을 이용해 복식 호흡을 하면 복부의 혈류가 증가하여 장기의 기능이 향상됩니다. 폐의 기능이 좋아져 마음이 안정되는 효과도 보지요. 복식 호흡의 효과는 이외에도 무척 많습니다. 뇌로 가는 산소가 늘어나 치매 예방과 기억력 향상이 된다는 연구 결과도 발표되었습니다.

여러분도 이제부터 수식관 수행을 생활화해 보시기 바랍니다. 처음 수행에 들어가면 갖가지 생각이 머릿속을 어지럽힙니다. 과거의 어린 시절부터 현재 신너니져짐 땋인 일, 미래에 해야 할 계획 등이 영화처럼 떠오르지요. 번뇌가 일어날 때는 없애려 하거나 쫓아가지 마십시오. 그냥 번뇌가 일어났음을 알아차리십시오. 그저 숨을 마시고 내쉬는 데에만 집중하세요.

수행을 하면 흐트러진 정기가 모이고 마음이 안정되는 느낌을 받습니다. 현대인이 가장 두려워하는 스트레스를 깨끗하게 사라지게 하지요. 호흡 수련에 정진하는 불자가 되길 기원합니다.

봄비는 소리 없이

대지를 촉촉이 적시고

마냥 그리움은

흔적 없이도

가슴을 적신다.

〈가슴 속 깊은 그리움 - 원경〉

당장 분별심을 멈추세요

요즘 사회를 시끄럽게 하는 것 중에 댓글이 있습니다. 연예인은 물론이고 불특정 사람들을 향해 인터넷에 이런저런 생각을 한마디씩 적지요. 옷차림새부터 가족들의 생활까지 밝히며 거친 표현이 오가고 있습니다. 자신에게 아무 이득도 없지만 꼭 한마디를 해야 속이 시원해지는 것이 중생의 마음입니다.

자기도 잘 못하면서 다른 사람에게 감 놔라, 배 놔라 하는 사람들이 있습니다. 매사에 옳고 그름을 따져서 다른 이와 함께하지 못하

는 사람들도 자주 보이고요. 이런 사람들을 두고 흔히 '오만 망상을 다 피운다'라고 말하지요. 모두는 분별심에서 시작됩니다.

그들은 누구라고 지칭할 것도 없이 우리 모두의 모습인지 모르겠습니다. 어떤 일을 대하며 분별심을 일으키지 않는 사람은 없으니까요. 잔잔한 수면 같은 마음에 잔물결과 큰 물결이 마냥 일어나는 바람에 갖가지 분별심으로 출렁됩니다. 분별심이 일어날 때를 잘 살펴보면 바탕에 나의 경험이 있음을 알게 됩니다. 바로 나의 업이지요.

어떤 이는 비가 오면 좋아합니다. 빗속에 연인과 걸었던 일이 생각나기 때문입니다. 어떤 이는 비를 끔찍하게 싫어합니다. 군대에서 장대 같은 비를 맞으며 훈련하던 과거가 생각나기 때문이지요. 이렇게 비를 좋아하거나 싫어하는 것도 모두 과거에 쌓인 업에 의한 분별심입니다.

나의 업으로 인해 생긴 분별심은 불완전하기 쉽습니다. 다른 업의 씨앗이 되기도 하지요. 내 안에 잘못된 분별심이 흐르고 있지 않은지 관찰하는 것이 수행입니다. 새로운 업을 짓지 않는 길이고요. 꽃을 보았을 때도, 바람 소리를 들었을 때도, 향냄새를 맡았을 때도, 차를 마실 때도, 옷감을 만질 때도, 옛 기억이 떠오를 때도 내 업이 한 장 덮고 있지는 않은지 잘 살펴보시기 바랍니다.

좋은 것도 분별이고, 나쁜 것도 분별이고, 행복한 기억도 분별이라고 했습니다. 좋은 것을 좋게 분별하니 당연히 집착과 애정이 생겨납니다. 싫은 것을 싫다고 분별하니 미움과 분노가 생겨나고요. 그러면 업이 또 하나 쌓여 갑니다. 업은 또다시 다른 업을 부르겠지요. 꼬리에 꼬리를 물고 업을 만들어 내니 업장 소멸은 언제 이룰지 까마득하기만 합니다.

분별심을 버리는 것은 분별하지 않는 것입니다. 하나 마나 한 소리인가요? 분별이 일어나는 때를 잘 관하여 없애는 것이지요. 그냥 그대로, 생긴 대로 모든 것을 받아들이면 됩니다. 그저 묵묵히 담담하게 관하면서 말입니다.

자신을 끊임없이 들여다보면 부처의 종자가 싹을 틔웁니다. 하지민 우주 천 리를 다니며 우지람을 부리면 끝내 부처의 싹이 트지 않습니다. 분별심을 버린다면 맑은 천연의 세계와 마주하게 됩니다.

자식에게
마음 공부를 시키세요

우리나라는 온 국민이 수험생이라는 말이 있습니다. 모두들 한두 가지 목표를 가지고 공부를 하고 있다고 합니다. 시험에 경중이 있지는 않지만, 온 나라를 극도로 긴장시키는 시험은 수능입니다. 시험을 치르는 학생들에게도 큰일이고 지켜보는 가족들, 특히 부모의 마음은 여간 무겁지 않지요.

입시철이 오면 온 나라의 절이 백일기도를 드리는 부모님들로 차고 넘칩니다. 물론 이런 계기로 모든 마음을 내려놓고 진심을 내어

기도를 하면 좋은 일입니다. 하지만 그 기도가 마음 공부와는 거리가 멀고 세속적인 욕심만 가득한 기도이기에 마음에 불편만 쌓입니다.

자식을 위한 세속적인 욕심은 모두 집착에서 생깁니다. 생에서 가장 두터운 업이 자식 업이라고 했습니다. 어느 것도 자식에 대한 집착보다 더한 것은 없다고 합니다. 불경에 가족은 하룻밤 나뭇가지에 모여 자다 흩어지는 것이라 했습니다. 여러분이 자식에 대한 사랑이라고 믿고 있는 감정은 단지 중생의 어리석은 집착이라고 생각하십시오.

옛날에 마산에 사는 하 처사라는 사람이 아들 때문에 마음이 상해 병을 얻고 자리에 눕게 되었습니다. 금지옥엽 아들을 훌륭히 키워 출세시켜 놓았더니 부모를 제대로 봉양하지 않아 화병이 나고 말았죠.

어느 날 처마 끝에 제비 한 쌍이 날아와 둥지를 짓는 모습을 보았습니다. 제비 부부는 새끼를 여럿 낳았습니다. 날이면 날마다 먹이를 물어 새끼들을 정성껏 키웠습니다. 그 새끼들은 날개가 돋자 부모는 쳐다보지도 않고 미련 없이 훌훌 날아가 버렸습니다.

하 처사는 짐승도 저리 아무 미련 없이 새끼를 놓아주는데, 자신은 자식에 대한 집착으로 병 자리를 보전하고 있다는 깨달음을 얻었습니다. 그 후 자신이 제비만도 못하다는 생각에 자리를 툴툴 털고 일어났다고 합니다.

　자식을 위해 백일기도를 하시려면 마음을 내려놓는 기도를 하시기 바랍니다. 자식의 합격을 위해 기도하지 마시고, 자식이 편안하게 어떤 결과도 담담히 받아들이는 당당함을 가지도록 기도하십시오.

　자식에게 그와 같은 진정한 용기를 북돋아 주려면 먼저 부모가 당당해야 합니다. 부모가 합격 여부에 전전긍긍하면 당연히 자식도 결과에 연연할 수밖에 없지요. 부모가 어떤 결과 앞에서도 당당하고 겸허하게 받아들일 자세를 보여 주면 자식도 편안해집니다. 자식 또한 심지를 굳게 내리고 중심을 잃지 않는 당당한 사람이 되지요.

　누구든 열심히 준비한 시험에 불합격한다면 당연히 마음이 상합니다. 시험이 우리 인생의 전부는 아닙니다. 불합격에 크게 휘둘려 괴로워하거나 좌절하는 지식이 되지 않게 큰 그릇을 만들어야 합니다. 바라던 바가 아니더라도 온전히 수용하는 당당한 인물이 되도록 마음 공부를 시키는 부모가 가장 지혜로운 부모가 아닐까요?

　무언가를 바라는 마음이 아니라, 모든 것을 내려놓는 마음을 갖게 수행하십시오. 모든 것을 수용하고 인정하는 평온한 마음을 갖도록 정진하십시오.

그 아이가 암자 찾으면
기운은 다사로워지고
바람은 정겨운 소리로 노래한다.

흰 눈꽃이 하얗게 피어날 적에
새순이 파랗게 필 적에
꽃들이 화사하게 필 적에

그 아이에게
충만함 한껏 안겨 주고 싶어라.

내가 그 아이에게
모든 것을 안겨 줄 수 있는 것은
아이 마음이
무한함을 알기 때문이다.

〈그를 알기 때문이다 - 원경〉

마음을 닦는
생활 수련법

우리가 수련을 하여 마음이 맑아지면 우리 안에서 극락이 실현되고 부처가 실현됩니다. 한 발짝도 내딛지 않아도 일어날 수 있는 일이지요. 우리가 생활 속에서 할 만한 수련법을 소개해 보겠습니다.

첫째는 불경을 보는 '관경觀經'입니다. 관경은 지혜로써 자신을 보는 것입니다. 마음을 한데 모으는 방법이기도 하고요. 나라는 존재의 중심이 바로 서는 수련법이라 할 수 있습니다.

둘째는 '화두'를 드는 방법입니다. 그중에서도 가장 먼저 질문을 던질 만한 화두가 '이 뭣꼬?'입니다. 지금 이 시각 보고, 듣고, 맛을 보고, 문제를 깨달으려 하는 이것이 무엇인지 스스로에게 의문을 던지는 대표적인 화두입니다.

화두는 스스로 변화가 깨달아질 때까지 들어야 합니다. 다른 사람이, 도가 높은 사람이 '뭐라고 했다'고 답을 찾는 것은 깨달음이 아닙니다. 화두의 최대 적은 '알음알이'라고 했습니다. 다른 사람의 깨달음은 내 것이 아닙니다. 다른 사람의 깨달음을 취하는 것은 어이없는 반칙이지요.

코끝의 호흡을 관찰하면서 생각을 모으다 보면 마음이 평안해집니다. 화두에 정신을 집중하면 의식의 전환이 일어납니다. 의식의 근본적인 전환 상태에 이르면 깊은 바닷속에 있는 상태처럼 고요함을 느끼게 됩니다.

셋째는 '호흡'입니다. 수행의 깊이에 상관없이 호흡을 관찰하면서 자신을 다스릴 수가 있습니다. 마음을 고요히 하는 것이지요.

마음이 산만하고 불안할 때 '나무아미타불 관세음보살' 하며 부처님의 명호名號를 부르는 방법도 마음을 고요하게 하는 좋은 수행법입니다. 부처님의 명호는 깨달음의 본질적 표상이어서 그분을 부르는 것만으로도 가피가 따르고 공덕이 쌓입니다.

  시시때때로 나를 들여다보는 수행을 실천하십시오. 수행을 알면 살아가는 재미가 있습니다. 경도 읽으면서, '이 뭣꼬?'도 붙들면서 말입니다.

네 번째 이야기

죽음 공부

죽는 공부를 죽도록 하라

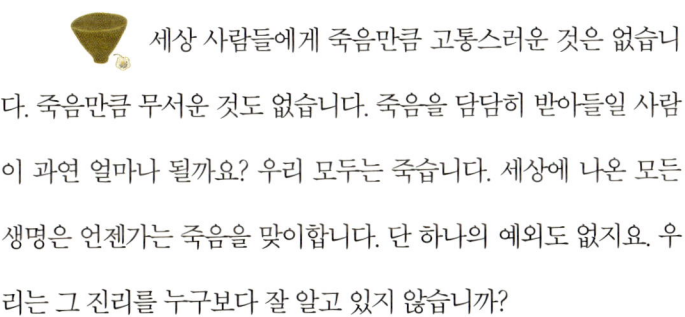

세상 사람들에게 죽음만큼 고통스러운 것은 없습니다. 죽음만큼 무서운 것도 없습니다. 죽음을 담담히 받아들일 사람이 과연 얼마나 될까요? 우리 모두는 죽습니다. 세상에 나온 모든 생명은 언젠가는 죽음을 맞이합니다. 단 하나의 예외도 없지요. 우리는 그 진리를 누구보다 잘 알고 있지 않습니까?

석가모니 부처님께서 어느 마을에 머물고 있을 때였습니다. 한 과부가 죽은 아이를 안고 찾아왔지요. 과부는 제발 죽은 아이를 살려

달라고 눈물로 애원하였습니다. 여인을 따라온 마을 사람들도 안타까움에 함께 눈물을 흘렸습니다. 석가모니의 제자도 슬퍼하는 과부를 위해 아들을 살려 주셔야 한다고 말했습니다. 가만히 지켜보시던 석가모니는 여인에게 말했습니다.

"너무 슬퍼하지 말고 내가 이르는 대로 하라. 그러면 아이를 살릴 수 있을 것이다."

석가모니는 지금 당장 마을로 가서 죽은 사람이 없는 집을 찾아가 물 한 바가지를 얻어 마시라고 했습니다. 그러면 아이가 다시 살아날 것이라고요.

여인은 실낱같은 희망을 품고 집집마다 찾아가 문을 두드렸습니다. 하지만 죽어 나간 사람이 없는 집을 찾지 못했지요. 결국 여인은 죽은 아들을 살리지 못했습니다. 순간 여인은 큰 깨달음을 얻었습니다. 모든 사람은 죽는다는 진리입니다.

그렇습니다. 죽음은 단 한 사람도 피해 갈 수 없는 삶의 과정입니다. 중생들은 살아 있는 동안 죽음과 한 번도 마주하지 않습니다. 절대 자기에게는 찾아오지 않을 손님이라고 생각하고 영원히 지상에서 살 사람처럼 하루하루를 보냅니다. 그러다 갑자기 뜻밖의 장소에서 죽음을 맞이합니다. 이 얼마나 허무한 삶이고 쓸쓸한 죽음인가요?

미망에서 벗어나지 못한 삶을 언제까지 붙잡고 매달릴 생각입니까? 죽음을 이기는 길은 모두를 내려놓고 비우는 것입니다. 모든 욕망과 미움에 사로잡힌 나를 버리고 내 안의 평온을 발견하는 것입니다. 죽음을 극복하면 초인이 됩니다. 죽음을 극복하면 자유인이 됩니다. 죽음을 극복하면 부처가 됩니다. 어떻게 살아야 할까 못지않게 어떻게 죽음을 맞을지 늘 마음에 담고 생활하십시오.

지금부터 죽음을 공부하십시오. 죽도록 공부하십시오. 죽음도 열심히 공부하면 극복할 수 있습니다. 두려움을 극복하고 고통에서 벗어나 자유를 얻으십시오. 죽음 공부야말로 마지막 공부이자 가장 귀중한 공부입니다. 또한 제일 열심히 해야 할 공부입니다.

당신이 죽고 나면
산도, 나무도, 그대도, 이웃도, 다
아무것도 아니라고
그대는 말했지요.

그래요
나 역시도 그리되겠지요.

사람이란 본디
작은 자연의 일부에 지나지 않거늘
하늘 같은, 땅 같은 마음으로
크게만 살다가
스러질 땐 한 자락 촛불마냥
힘없이 가는 거지요.

그러나
이러한 슬픈 회의도
삶에 대한 애착일 뿐이지요.

삶도 내가 맞이하는 삶이듯이
죽음 또한 내가 맞이해야 할
또 다른 삶이지요.

당신이 죽은 뒤에
산도, 나무도, 그대도, 이웃도, 다
아무것도 아니라는 생각을 마세요.
그들 또한 스스로의 삶의 몫을 사니까요.

나처럼, 그대처럼!

〈나처럼, 그대처럼 - 원경〉

죽음은
삶이지요

 부처님께서 말씀하셨습니다.

"어떻게 살아야 하는가가 중요하듯이 어떻게 죽어야 할지도 중요하다."

부처님께서 그렇게 말씀하신 이유는 죽음도 삶의 연장이기 때문입니다. 죽음과 삶이 따로 구분되어 존재하지 않으며, 삶 속에 죽음이 있고 죽음이 곧 삶입니다. 어떻게 살아야 할지에 모든 관심을 둔 사람의 삶은 온전한 삶이 되지 못합니다. 어떻게 살아야 하는가보다 어떻게 죽을까에 온 마음을 두십시오. 죽음은 삶의 모습과 똑같습니다.

그렇다면 우리는 왜 삶과 죽음을 나누어 생각할까요? 우리 중생이 생물학적 죽음만 보기 때문입니다. 생물학적으로 멈춰 버린 육신만 보기에 죽음이 두렵고 낯설게만 느껴집니다. 삶과 죽음이 둘이 아니라는 깨우침을 얻으면 생물학적 죽음이 죽음의 전부가 아니라는 사실을 알게 됩니다. 깨달음이 없으면 살아도 살아 있는 것이 아니지요. 아침이 밝았다고 아침이 아닌 것과 같습니다. 우리의 의식이 깨어나야 아침을 맞이할 수 있습니다. 우리의 의식이 깨어야 진짜 사는 것이고요.

모든 것은 과정이 있습니다. 밝게 깨어나기 위해서는 어두운 밤의 과정을 겪어야만 합니다. 맑은 의식을 가지려면 긴 수행의 시간을 가져야 합니다. 수행이라고 머리 깎고 절로 들어가라는 말이 아닙니다. 생활 수련을 말하는 바이지요.

생활 수련은 당장 눈앞에 닥친 이익만 쫓아 사는 삶과는 거리가 멉니다. 생활 수련은 날마다 날마다 내 앞에 성큼성큼 다가오는 죽음을 분명히 지켜보는 것입니다. 죽음은 또 하나의 삶임을 잊지 않는 것입니다.

삶이 지나면 죽음이 옵니다. 삶의 시간이 또각또각 흐르는 사이

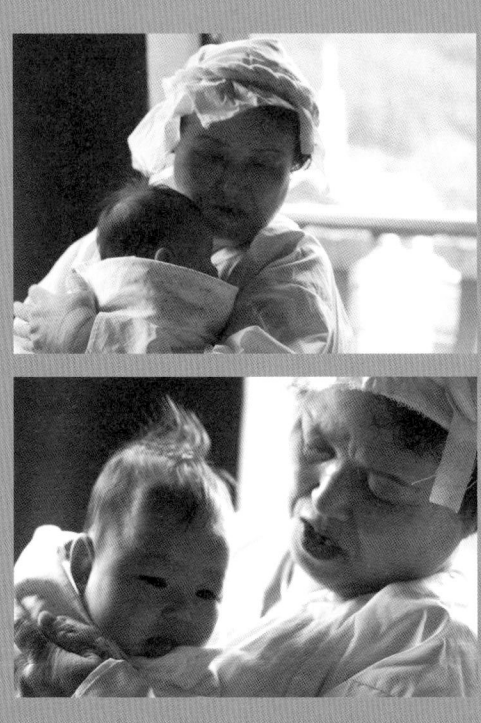

죽음의 시간이 달려옵니다. 삶의 끝이 아니라 죽음의 삶이 시작되는 것이지요. 불교에서는 일찍이 생사불이라고 했습니다. 삶과 죽음이 하나라는 말이지요. 달리 말하면 둘 중 하나는 없다는 뜻으로 해석할 수도 있습니다. 그러니까 죽음은 본래 없는 것입니다.

한창 아름다운 시절을 보낸 꽃이 땅으로 떨어지면 죽었다고 생각합니다. 꽃은 죽은 것이 아니라 또 다른 생명체의 거름이 됩니다. 그 속에서 다른 생명이 싹을 틔웁니다. 그렇게 생명들은 서로 주고받으며 순환하지요. 우주라는 커다란 생명체 속에서는 그침이 없습니다. 우리의 생명도 하나의 법칙 속에서 태어났습니다. 우리는 한시도 그침 없이 고리와 고리가 맞물려 돌아가듯이 순환합니다. 그것은 단절이 아니라 온 우주와의 일체를 의미합니다.

죽음은 윤회입니다. 여기서는 죽어도 저기서는 태어납니다. 생각을 바꾸면 생과 사의 습에서 벗어나게 됩니다. 삶과 죽음을 구분해서 보지 마십시오. 관점을 바꾸는 것이 깨달음입니다. 죽음은 삶입니다. 열심히 사십시오. 열심히 죽으십시오. 그것이 잘 사는 인생입니다.

이 세상을 살면서

번민에 너무 차서

괴로워할 일 없다.

세상이란

허망하기 때문이다.

허망하다는 것은

즐겁거나

괴롭거나

모든 일을 포함한다.

집착은
삶의 감옥

 아난존자가 물었습니다.

"저 무덤에 영혼이 있습니까?"

부처님께서 말씀하셨습니다.

"집착이 있으면 있을 것이고, 집착이 없으면 없을 것이다."

아난존자가 물었습니다.

"다음 생이 있습니까?"

부처님께서 말씀하셨습니다.

"집착이 있으면 있을 것이고, 집착이 없으면 없을 것이다."

삶의 고통은 어디에서 올까요? 죽음의 고통은 어디에서 올까요? 부처님께서는 육신에 대한 집착에서 시작된다고 하셨습니다. 육신이 이루어지고 사라지는 현상에 우리의 생각을 가두는 것이 고통의 시작이라고요. 육신이 없어지는 것은 원래 없었던 걸로 돌아가는 현상일 뿐입니다. 본전인 셈이지요. 우리의 망상심이 커져 원래 없던 것이 잠시 이루어졌다는 사실을 잊고 말았습니다. 현재 있는 육신이 없어진다는 생각만 하고 있지요. 영원할 것 같던 육신이 없어진다니 얼마나 허무한 일인가요.

원래 우리의 육신은 없었습니다. 단지 본래의 모습으로 돌아갈 뿐입니다. 우리의 생각이 어긋나고 전도되고 뒤바뀌어 있는 것입니다. 그래서 우리는 허상에 빠지고 진실을 보지 못하고요. 깨달음이란 그것을 바로 보는 눈을 갖는 것입니다.

육신이 있다는 '유有'에 대한 집착이 모든 고통을 만들고 깨달음을 향해 가는 길을 더디 가게 합니다. 부처님께서 말씀하시길, 육신은 있는 것처럼 보일 뿐이라고 하셨습니다. 가유이지요. 가짜로 있는 것입니다. 잠시 있는 것처럼 보일 뿐입니다. 인연이 생기면 모였다가 인연이 다하면 흩어집니다. 사막의 신기루요, 한낮의 꿈입니다.

모든 것은 인연의 원리에서 한 치도 벗어나지 않습니다. 하늘의 눈송이가 떨어지는 자리도 인연에 따릅니다. 나고 죽음도 더 말할 바가 없겠지요. 죽음은 생을 만들고, 생은 죽음을 만듭니다.

있는데 있지 않으니 허상입니다. 우리는 허상에 사로잡혀서 공포도 만들고, 즐거움도 만들고, 괴로움도 만들고, 자기라는 집착도 만들었습니다. 모든 것은 우리가 만들었습니다. 우리가 고통에서 벗어날 길은 허상을 만들지 않는 것이지요. 허상을 만들지 않고 관조를 하면 마음이 고요해집니다. 그것이 본성을 깨닫는 것이며, 수행이지요.

관조를 하면 몸이 영원하지 않다는 사실을 알게 되어 괴로움에서 벗어납니다. 괴로움에서 벗어나면 마음이 고요해집니다. 자신의 생각이 만들어 낸 식견識見들로 괴로워할 일이 없습니다. 육체도 공성空性이요, 생각도 공성空性입니다. 어서 이것을 깨달으십시오. 그 깨달음이 있어야 생각이 비워지고, 고요의 바다에서 평안함을 찾을 수 있습니다.

고요의 바다에 들어가면 의식의 변화가 오고 깨달음에 닿게 됩니다. 쓸데없는 껍데기를 벗고 미혹함으로부터 벗어나는 순간입니다. 여러분은 본래 천연의 모습으로 돌아가는 여행길을 떠날 준비가 되셨나요?

오늘도 꿈결이 흐른다.
나의 꿈결과
그대의 꿈결이
잔물결을 일으킨다.
온통 세상의 꿈결들이
큰 대양의 파도 되어 흔들린다.

피곤한 나그네, 돌아가 쉬도다

 어느 날 사복이라는 사람이 원효 스님을 찾아왔습니다. 사복은 돌아가신 어머님을 위해 영가靈駕 법문을 청했습니다.

"낳지 말라, 죽음이 두려우니. 죽지 말라, 낳는 것이 두려우니."

"무슨 말씀이 그리 긴가요?"

도가 높았던 사복은 원효 스님의 법문을 듣고선 나뭇가지를 들어 땅에 세 글자를 썼습니다.

'생사고生死苦.'

우리 인간의 삶은 날 때부터 죽을 때까지 매 순간이 고통입니다. 부처님의 세상 이치인 인과 원리에 따르면 모든 고통은 자업자득이지요. 전생에서 쌓은 업에 따라 현세의 양태가 결정되고, 현세에서 쌓은 업에 따라 다음 생에서의 양태가 결정됩니다.

어떤 것도 업을 이길 수는 없습니다. 신통력보다도, 도력보다도 업이 먼저 이루어지는 것이 부처님 세계입니다. 행여 우리가 무지로 인해 지은 업도 모두 인과의 법리에 의해 원인이 되어 결과를 만들어 냅니다. 그렇다 보니 어떤 일을 당한다 해도 하늘을 원망할 이유도, 더구나 남을 향해 손가락질할 이유도 하나 없습니다. 모든 원망이나 손가락질은 나에게 향해야 합니다.

아름다운 삶을 살면 아름다운 죽음을 볼 것이고, 괴로운 삶을 살면 괴로운 죽음을 맞을 것입니다. 좋든 싫든 우리는 업에서 벗어날 수 없습니다. 그러므로 우주적인 차원으로 삶을 확장해 보면 삶의 순간순간은 수련입니다. 공을 쌓기도 하고 잃기도 하지요.

수련의 의미를 모르는 사람은 세상 즐거움을 맘껏 누리며 살다가도, 한정된 즐거움이 소멸하면 이내 고통의 나락으로 떨어집니다. '인생이 고苦'라는 말은 괴로움만 가리키지 않습니다. 쾌락을 주는 즐거움마저도 덧없기 때문에 고의 범주에 있다는 의미입니다.

고통에서 벗어나기 위해서는 자각적 인생을 살아가야만 합니다. 인간은 부처님의 자비로 깨침의 미덕을 실현할 수 있는 존재입니다. 부처님께서는 우리가 고통에서 벗어나는 길을 분명히 일러 주셨습니다. 이제 삶과 죽음을 이해하는 관점을 바꾸십시오. 그때서야 죽음을 여유롭고 자유롭게 바라보게 됩니다.

사람들이 죽음을 두려워하는 이유는 삶의 생명력이 강하기 때문이라고 합니다. 그게 없다면 쉽게 삶을 놓아 버릴지도 모른다고요. 생명이 현세에만 가능하다는 낮은 의식을 우주적 생명관으로 전환하지 않으면 성숙해지지 못합니다. 우리 생명의 마라톤은 여기서 끝나는 것이 아닙니다. 삶과 죽음은 계속해서 꼬리를 물고 이어집니다. 다른 방법을 찾지 마십시오. 깨우침 말고는 죽음을 극복할 방법이 절대 없습니다.

누구나 '피곤한 나그네, 돌아가 쉬도다!'라며 편안한 죽음을 맞이하는 방법이 있습니다. 한 세월 고해의 바다에서 허덕이다 이제 쉴 때가 됐구나 하고 편안한 죽음을 맞이할 수 있습니다. 삶과 죽음에 대한 견해를 제대로 세워야 삶도, 죽음도 편안해집니다.

이 삶의 언덕에서
너를 날려 보낸다.

바람이 꽃잎을 불러 가듯이
그렇게 너를 날려 보낸다.

한 웅큼 눈물 머금다
터져 나는 설운 세월 너머로
바람에 밀려가듯
너를 보낸다.

때론
삶을 지우고
다시 그릴 수 있는 그림이었으면

그렇지 못한 너를
지우지 못한 채 너를 흘려 보낸다.

이 설운 삶의 언덕에 서서

〈너를 보낸다 - 원경〉

부처님의
마지막 모습처럼

'태어나심도 아름다운 룸비니 동산에서!

돌아가심도 아름다운 사라쌍수의 꽃비 속에서!'

생과 사의 아름다움을 가장 잘 보여 주신 분이 부처님이십니다. '세상에 살아 있는 모든 생명은 행복하고, 평온하고, 자유로워라!'라는 염원을 당신의 삶을 통해 보여 주셨지요.

부처님께서는 여든 살에 열반에 드셨습니다. 2,500년 전에 팔십까지 살았다니, 오늘날로 보면 120살까지 산 것과 같습니다. 생전에 암살자 데바닷타의 액난을 겪으시기도 했지만, 새끼발가락에 아주 작은 상처만 나는 정도로 어려움이 지나쳐 갔습니다. 부처의 몸에 피를 내는 업보가 너무 커서 산 채로 지옥에 떨어졌다는 암살자 데바닷타의 업보는 진리를 외면한 삶의 결과를 상징적으로 나타내 줍니다.

부처님께서는 생전에 '여래는 무력으로 죽는 법이 없다'고 말씀하셨습니다. 공덕이 무량하여 일반 중생들처럼 업보에 엎치락뒤치락하는 일이 없다는 뜻입니다. 부처님의 죽음이 그것을 가르쳐 줍니다.

부처님께서는 스스로 예언하신 대로 쿠시나가르의 사라쌍수 나무 아래에서 열반에 드셨습니다. 열반이란 번뇌와 고통의 불씨가 모두 꺼진다는 뜻입니다. 부처님께서는 생전에 깨달음을 통하여 이미 열반적정涅槃寂靜에 드셨지만, 인간의 육신을 지닌 이상 불편함이 조금 남아 있었습니다. 다소 남음이 있다 하여 유여열반有餘涅槃이라고 합니다. 이제 비로소 사라쌍수에서 육신을 벗어 버리고 완전한 열반에 드시니, 어떤 남음도 없는 무여열반無餘涅槃에 드신 것이지요.

부처님께서는 여든 살이 되시는 음력 2월 15일, 보름달이 밝은 자정을 시점으로 열반에 드신다고 이르십니다. 카쿠츠타 강에 이르러 목욕을 마친 부처님께서는 두 그루 사라쌍수 아래 자리를 펴 달라고 청하셨습니다. 이내 머리는 북쪽으로 두시고, 얼굴은 서쪽을 향해 보시고, 사자처럼 옆구리를 자리에 대신 후, 최후 열반에 드시기 전에 유훈을 남기셨습니다.

"자신을 등불로 삼아라.
진리를 등불로 삼아라.
모든 것은 무상하니 게으르지 말고 정진하라."

이때 사라수에서는 때 아닌 흰 꽃이 피어나 만발하였고, 달빛을 받아 꽃잎이 눈꽃처럼 빛나며 날렸습니다. 자연 만물이 부처님의 열반을 고귀하게 기린 것입니다. 너무나 아름답고 장중한 최후의 모습이지요. 묘한 기연과 복덕을 가지고 태어나신 분의 죽음이 아닐 수 없습니다. 부처님의 생과 사에서 진선미眞善美를 볼 수 있습니다.

풀옷 입으신

스님이 내려오시면

숲 내음 나고

맑은 산바람이 옷자락에 앉는다.

고무신 신은 스님이

산에서 내려오시면

해맑은 발자취에

청빈이 감돈다.

본디 내 것은 하나도 없어라

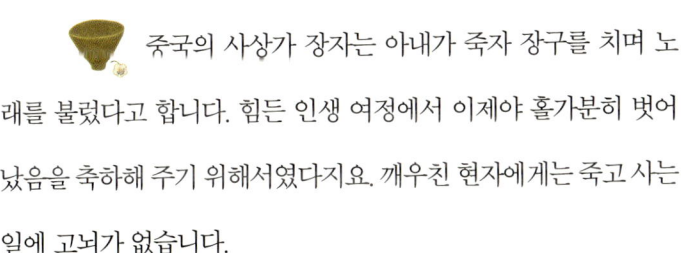 중국의 사상가 장자는 아내가 죽자 장구를 치며 노래를 불렀다고 합니다. 힘든 인생 여정에서 이제야 홀가분히 벗어 났음을 축하해 주기 위해서였다지요. 깨우친 현자에게는 죽고 사는 일에 고뇌가 없습니다.

우리는 엄마 배 속에서 나올 때부터 울면서 나옵니다. 앞으로 살 아갈 힘든 인생살이가 두려워서라고 합니다. 울면서 세상에 나왔 어도 잘 살아 웃으면서 가면 좋으련만, 대부분 사람들은 그렇지 못

합니다. 죽을 때도 너무 슬퍼 다시 눈물을 흘리며 세상을 떠나지요.

중생들의 삶과 죽음이 시종 울음으로 장식됩니다. 살고 죽는 것이 여간 힘들지 않나 봅니다. 그러니 우리는 부처님 가르침을 따라야 합니다. 부처님께서는 언제나 인연설을 말씀하셨습니다. 세상의 모든 것은 인연 따라 생겼다가 다시 인연 따라 사라진다고 하셨지요. 우리의 육신도 영원한 것이 아닙니다. 인연 따라 잠시 생겼으니 다시 인연 따라 없어집니다.

육신이 내 것이라는 생각은 하지 마십시오. 육신에 집착하지 말고 관조하며 깨달음의 고삐를 단단히 잡고 사십시오. 그래야 육신이 공하고 원래 없다는 진리를 알게 됩니다. 관조하면 마음이 편안하고 고요해집니다. 그렇지 않으면 영원히 암담한 인생을 살다 가야 합니다.

육신이 무상하다고 하니 어떤 사람들은 깊은 허무의 수렁에 빠져 허우적거리게 된다고 말합니다. 육신에 대한 집착이 그만큼 크기 때문입니다. 아픔에 집착하면 통증이 더욱 심해지는 바와 같습니다.

슬퍼하지 마십시오. 육신의 집착에서 벗어나면 절대 자유를 느끼게 됩니다. 이보다 기쁜 것이 어디 있겠습니까? 고집스러운 집착과 의식을 놓아 버리는 순간, 어깨를 누르던 수천 톤의 고통스러운 무게가 사라지는 기쁨을 느낄 것입니다.

'사즉생死卽生.'

죽으면 산다! 죽음을 두려워 말고 당당히 나아가면 근원적으로 죽음이 따르지 않는다는 뜻이지요. 죽음에 대한 두려움은 한낱 허상이며 중생의 망상에 지나지 않습니다. 생도 나그네처럼 왔다 가듯 죽음도 나그네처럼 왔다 갈 뿐입니다. 자각을 통해 깨달은 본성은 오고 감이 없습니다. 자각을 위한 수행만이 삶의 진실한 가치가 되는 것입니다.

이제 죽음에 대한 색깔을 바꿀 수 있겠습니까? 별빛 나라에 안기듯 붉게 타오르는 장엄한 일몰의 색으로 말입니다. 칠흑 같은 어두운 밤에 통곡하는 죽음이 아니라, 보름달이 비추고 별무리가 내리는 한밤에 이승을 떠나는 아름다운 죽음으로 말입니다.

소유란 없으니,

난게

소유에 대한

욕구만 있을 뿐이다.

아상도,
법상도 떨치고

　모든 것은 인과로 이어져 있어 죽음도 살아온 모습에 따라 달라집니다. 삶과 죽음은 서로 상호작용을 하며 통해 있지, 별개로 나누어져 있지 않습니다. 시작이 끝이고, 끝이 시작입니다.

　생과 사는 끊임없이 반복하고 있습니다. 우리 모두는 어떤 경우도 이 범주에서 벗어나지 못하지요. 그런데도 중생은 우주의 섭리는 보지 못하고 자기만 바라보며 살아갑니다. 육신에 수많은 의미를 부여하고 집착하면서 말입니다. 자신만이 유일하고 절대적이라는 생각으로 사는 동안 인생이 조금씩 곪아 가는 줄도 모릅니다.

어느 날 나이 많은 보살님이 찾아와 말씀하였습니다.

"이제 육신을 벗을 때가 온 것 같습니다."

그게 무슨 말씀이냐며 깜짝 놀라는 저에게 보살님은 이제 고달픈 삶에서 벗어났으면 좋겠다고도 하셨습니다. 한세상을 겸허하게 살아 내신 보살님은 세상 모든 것이 부질없다는 깨달음을 얻으신 듯했습니다. 죽음 앞에서 여여如如한 보살님의 모습이 무척 아름다워 보였습니다. 부처님의 법을 알고 실천하시는 보살님은 단순히 정서적으로 고통에서 벗어나려는 여느 신도님의 모습과는 달랐습니다.

부처님의 법을 각성하고 죽은 자는 다음 생에서는 무지에서 벗어날 수 있습니다. 지금 이 생에서 법을 알고 가면 다음 생에서 집착할 일이 없지요. 그렇지 못한 자는 다음 생에서도 무지의 터널에서 헤매게 됩니다. 생활 수행이 중요한 이유입니다.

수행에 있어 가장 큰 적이 있습니다. 부처님 법에 대한 집착입니다. 그것을 '법상法相'이라고 합니다. 법상에 사로잡히면 십 년 공부가 말짱 도루묵이 됩니다. 법상이란 자신이 무언가를 알았다고, 또 깨달았다고 다른 사람을 가엾게 여기거나 잘난 체하는 것입니다. 또 하나의 커다란 집착이자 법에 대한 아상我相입니다. 당장 불구덩

이에 던져야 하지요.

천연하게 비우기에 매진하십시오. 법의 씨앗이 마음에 내리면 의식의 변화가 옵니다. 의식의 변화가 오면 삶이 변합니다. 그것이 깨달음의 삶입니다.

사슴의 모습
사자의 마음으로 살아야지.

그 무엇도 담으려 하지 않는 사슴은
이른 아침부터 저녁 놀빛까지
꽃 속을 소요하며
그 자태를 흐트러뜨리지 않나니.

소리에 놀라지 않는 사자는
너른 대지의 침묵을 펼쳐
잠들어 있을 때에도
우레 같은 포효 잊지 않나니.

살아오는 동안
이미 거침없는 전사가 되어 버린 지금!
죽음마저 두려움이 없거늘
생에 무엇이 두려우리!

그렇게
사슴의 모습
사자의 마음으로 살아야지.

〈나를 위한 기도 - 원경〉

나무 위에서 물고기를 찾지 말라

부처님께서는 왜 그토록 마음 수행을 중요하게 생각하셨을까요? 부처님께서 오시기 전의 세상에는 마음보다는 마음 밖의 신들을 모시는 종교밖에 없었습니다. 브라만 신, 힌두 신 모두 인간이 만든 여러 형태의 신들이지요. 사람들은 자기가 모시는 신이 최고라고 여기고 있었고요.

신들이 다양한 모습을 하고 있는 이유는 인간의 도착에 의해 신이 만들어졌기 때문입니다. 인간의 어리석은 마음이 탄생시킨 신화이지요. 부처님께서는 신으로 향하는 마음을, 밖으로 향하는 마음을 모두 접고 안을 지켜보라고 하셨습니다. '바로 너 자신을 보라'고 하셨지요. 금은보화를 훔쳐 도망가는 도둑을 찾기보다는 네 마음 안의 보물을 찾는 일이 더욱 중요하다고 하셨습니다.

고려 시대 보조 국사도 부처님의 가르침을 이어받아 다음과 같은 말씀을 하셨습니다.

"끊임없이 밖에서 진리를 찾는 중생이여, 진리를 밖에서 찾지 말라. 모래로 밥을 짓는 것과 같으며, 나무 위에서 물고기를 찾는 것과 같다."

부처님께서는 자신이 열반에 들기 전에 찾아와 마지막 제자가 된 수바드라에게도 마음 수행에 대한 유명한 말씀을 남기셨습니다. 그 일화를 소개해 보겠습니다.

부처님께서 열반에 드신다는 소문이 온 나라에 퍼지자 쿠시나가르에 살던 한 늙은 수행자가 찾아왔습니다. 그는 도를 깨치지 못했지만 육체의 장생법長生法을 닦아 120살에 이른 사람이었습니다. 곧 부처님께서 열반하신다는 소문을 듣고선 황급히 찾아와서 부처님을 뵙고 싶다고 간청하였지요.

시자인 아난존자는 부처님의 상태를 잘 설명하며 정중히 거절

하였습니다. 수바드라는 일생일대에 마지막 기회라는 절박함으로 꼭 뵈어야겠다며 떼를 썼습니다. 소란을 들으신 부처님께서 말씀하셨습니다.

"진리를 알고자 찾아온 사람이다. 나를 괴롭히러 온 사람이 아니니 맞이하라."

부처님께서는 그의 근기를 보시고 곧 깨달을 자임을 알아보셨습니다. 수바드라는 거칠 것 없이 물음을 청했습니다.

"세상의 많은 사람들이 깨달음을 얻었다고 하는데, 그들은 정말 깨달은 사람들일까요?"

그러자 부처님께서 말씀하셨습니다.

"그게 그대와 무슨 상관이 있는가? 그렇게 밖에서 찾지 말고 고요히 자네 마음을 들여다보게."

수바드라는 말씀을 듣고 큰 감명을 받았습니다. 그는 연이어 부처님으로부터 사성제와 팔정도의 가르침을 듣고 깨달음을 얻어 부처님의 마지막 제자가 되었습니다. 그는 당장 죽어도 여한이 없다며 부처님보다 먼저 열반에 들었지요. 깨달음을 얻은 후에는 나고 죽는 문제가 전혀 문제가 되지 않는 것입니다.

죽음에 대해 고민하는 사람들은 생에 집착을 할 것이 아니라, 수바드라처럼 법을 알고자 노력해야 합니다. 오래 사는 것은 전혀 중요하지 않습니다. 부처님께서도 무상함을 보이시려 열반에 드셨습니다. 무상, 무아를 체득하면 바람과 같이 자유로워집니다.

깨달음은 단지

집착을 여읜 순간부터

자성이 드러나게 되나니

구름이 걷히어 허공이 맑은즉

달이 밝게 빛나는 것과 같아라.

달이 밝은즉, 명명백백히 삼라만상을 드러내듯이

자성이 열린즉, 인생의 길과 우주의 이치가

한순간에 드러남이라.

그러나 깨달았다고 다시 얻는 바 없으니

나귀를 타고 나귀를 찾는 이치이며

물고기가 물속에서 물을 찾는 이치와 같음이라.

부처님이 깨닫고서 탄식하시되

일체 모든 중생이 다 부처 성품이 구족하건만

단지 스스로 깨닫지 못한 고로 육도의 윤회 속에

고통받는다 하였으니

이 도리를 알고 보면

제 코 만지기보다도 쉬운 것이 도道인 것이네.

〈깨침의 노래 - 원경〉

영원히 죽지 않고 사는 법

'태어날 때 고요하여 태어남을 따르지 않고,
죽을 때는 당당하여 죽음 또한 따르지 않노라.'

생사불이를 읊은 노래입니다. 법정 스님의 다비식을 지켜보면서 새삼 삶과 죽음을 생각해 보았습니다. 법정 스님과의 인연은 삼십여 년 전으로 올라갑니다.

처음 출가하여 송광사 행자로 공부할 때입니다. 그때 저는 큰절에서 외떨어진 불일암에 기거하시는 스님을 위해 과일이며 떡을 보자기에 싸서 갖다 드리는 심부름을 하곤 했습니다. 30여 분 오솔길을 따라 암자에 오르면 벽에 걸려 있는 목각판에 새겨진 시 한 소절이 유독 눈에 띄었습니다.

'살어리 살어리랏다
청산에 살어리랏다
멀위랑 다래랑 먹고
청산에 살어리랏다'

암자와 아주 잘 어울린다는 생각을 하며 조촐한 암자의 정취에 취하곤 했습니다. 그때만 해도 스님께서는 정정하셨고, 한용운 스님 같은 굳센 기상이 넘치셨지요.

어느덧 세월이 훌쩍 지나 스님께서 위중하시다는 소식을 듣고 부랴부랴 찾아뵈었습니다. 스님은 저를 반갑게 맞아 주셨습니다.

"오랜만이네, 원경 수좌!"

형형한 눈빛에서 옛 모습을 그대로 볼 수 있었습니다. 그렇게 뵌지 이틀 만에 스님은 제행이 무상함을 보이시며 훌쩍 떠나셨습니

다. 그때 스님이 마지막으로 남기신 유언은 후학들에게 큰 가르침이 되었습니다.

'이 몸뚱아리 하나를 처리하기 위해 소중한 나무를 베지 말라.

강원도 나의 오두막 앞에는 내가 늘 좌선하던 커다란 너럭바위가 있으니, 내가 죽으면 그곳에 땔감을 주워 모아서 화장해 달라.

수의는 절대 만들지 말고, 입던 옷 그대로 입혀서 화장해 달라.

타고 남은 재는 봄마다 나에게 꽃의 아름다움을 공양해 바치던 뜰의 철쭉나무 아래에 뿌려 달라. 그것이 내가 꽃에게 보답하는 길이다.

어떤 거창한 의식도 하지 말고, 세상에 떠들썩하게 알리지도 말라.

이제 시간과 공간을 지워야겠다.'

스님은 당신 말씀대로 평소 입으시던 가사 한 벌 덮으신 채 '화중생련火中生蓮' 되어 가셨습니다.

'불꽃 속에 연꽃이 피니 끝내 시들지 않는도다!'

사람이 이 생에서 아무리 오래 산들 기껏해야 100여 년입니다. 그 이후에는 누구나 예외 없이 세상을 떠나야 하지요. 아무리 화려하게 살았다 한들, 아무리 높은 관직에 올랐다 한들 죽음 앞에서 무슨 의미가 있겠습니까? 모두 빈손으로, 벌거숭이로 돌아갈 텐데 말입니다.

현재의 삶에 집착하지 마십시오. 삶이 영원하다고 생각하기에 욕망과 미움이 생깁니다. 얼마 남지 않은 시간 동안 어리석음을 범하지 않으려면 죽음에 대한 자각을 해야 하지 않을까요? 의미 있는 삶을 살기 위해 순간순간 깨어 '생사불이법生死不二法'을 실현해야 합니다.

세상 어느 것 하나
멈추어 있는 것이 없다.
아무리 굳은 바윗덩어리라도
찰나 찰나 변해 가고 있다.
제행무상이 생명력이 아니더냐.

일체의 속성이 인간의 속성이다.
변화를 거부하고 흐름을 역행하면
부적절한 존재가 될 뿐이니

그대 오늘은
무엇을 하는가.
변화의 음악 속에서
노래를 하는가.
그 속에 그대 진면목 있으며
삶의 전부가 있나니

〈삶에 대하여 - 원경〉

그림 김영세

홍익대학교 미술대학 섬유미술학과 졸업

개인전 exhibitions
1995 Sharing the Hearts and Flowers展 (A.P.A.L Center, Los Angeles)
2001 Kim, Young-Se solo exhibitions展 (Gallery Cha-Rang in Los Angeles, California)
2003 공익법인 사랑의일기 재단 설립 기금 모금展 (백상기념관, 서울)
2010 Designed by Nature展 (서호갤러리, Seoul)
2011 Introductions from Morning calmⅢ展 (ANN 330 Gallery, Los Angeles)

작품 소장 exhibited in…
1994 Los Angeles County 소장
     Delta Life Development Senior Center 소장
     Asian Pacific American Local Center of Southern California 소장

e-mail : youngse9@yahoo.co.kr

본문 그림 페이지 25, 34, 50, 54, 77, 92, 96, 104, 106~107, 110, 118, 124, 128, 132, 143, 222, 242, 248

사진 전제우(松潭)

한국불교사진연구소 소장
한국불교사진협회 자문위원
주간불교신문사 전문위원
한국불교사진협회 회장 역임
사진전시회 개인전 6회

본문 사진 페이지 30, 39, 45, 63, 74~75, 102, 153, 159, 217, 236, 237